ARKANA

W0196316

Buch

Der menschliche Geist hat das Potenzial, Wunder zu vollbringen. Kraft unserer Vorstellung sind wir immer – ob wir uns dessen bewusst sind oder nicht – Schöpfer unseres eigenen Lebens. Wenn wir unsere mentalen Kräfte erkennen, haben wir die Chance, unsere Zukunft nach unseren Wünschen zu gestalten. Visionäre Träume, die aus unserem wahren Selbst kommen, verschaffen uns Zugang zu jenen spirituellen Quellen und inneren Bildern, die die Wirklichkeit gestalten. Das Wissen, als Schöpfer alle Lebenslagen aus eigener Kraft meistern zu können, vermittelt uns eine Selbstsicherheit, die nicht von äußerem Besitz abhängig ist, sondern von innen kommt. Kurt Tepperwein spornt den Leser an, die Einmaligkeit jedes Augenblicks zu nutzen und in Möglichkeiten zu denken, statt den Blick auf die Schwierigkeiten zu richten. Sein Buch ist ein Impulsgeber für alle, die ihr Leben selbst in die Hand nehmen wollen. Eine Vielzahl von Ratschlägen und Übungsbeispielen verdeutlicht das praktische Anwendungsspektrum seiner Methode.

Autor

Prof. Dr. Kurt Tepperwein, geboren 1932 in Lobenstein, war erfolgreicher Unternehmer, ehe er sich 1973 aus dem Wirtschaftsleben zurückzog. Er wurde Heilpraktiker und Forscher auf dem Gebiet der wahren Ursachen von Krankheit und Leid. 1986 promovierte er und wurde Professor für Psychologie der Clayton-Universität in St. Louis, USA, und danach Dozent an verschiedenen internationalen Institutionen, unter anderem an der Friedensuniversität in Berlin. Seit 1997 ist er Dozent an der Internationalen Akademie der Wissenschaften. Im selben Jahr wurde er für sein Lebenswerk mit dem »Ersten deutschen Esoterikpreis« ausgezeichnet.

Von Kurt Tepperwein sind beim Goldmann Verlag außerdem lieferbar:

Die Geistigen Gesetze (12160)
Kraftquelle Mentaltraining (12141)
Geistheilung durch sich selbst (11738)
Bewusstseinstraining (21549)
Der Weg zum Millionär (21551)
Jungbrunnen Entsäuerung (14207)

KURT TEPPERWEIN

WUNDER VOLLBRINGEN DURCH SCHÖPFERISCHE IMAGINATION

Mentaltraining in Aktion

ARKANA

GOLDMANN

Umwelthinweis:
Alle bedruckten Materialien dieses Taschenbuches
sind chlorfrei und umweltschonend.

Originalausgabe Juni 2003
© 2003 Wilhelm Goldmann Verlag, München
in der Verlagsgruppe Random House GmbH
Umschlaggestaltung: Design Team München
Umschlagmotiv: Michael Green, Illuminated
Satz: Uhl + Massopust, Aalen
Druck: Elsnerdruck, Berlin
Verlagsnummer: 21642
Redaktion: Ralf Lay
WL · Herstellung: WM
Made in Germany
ISBN 3–442–21642–7
www.goldmann-verlag.de

1. Auflage

*Im Gegensatz zur falschen Macht
besitzen wir wahre Macht nicht,
sondern bekommen sie nur verliehen
und müssen uns ihr immer wieder
würdig erweisen.*

Inhalt

**Die hohe Schule
der schöpferischen Imagination**

Vorwort

Wir alle haben unser Schicksal, tragen es mehr oder weniger geduldig, doch kaum jemand fragt sich einmal, warum er unter diesen Umständen lebt, was sie verursacht und ob und wie man sie eventuell ändern könnte.

Irgendwann jedoch, früher oder später, wachen wir auf und stehen vor der Aufgabe, wirklich zu leben. Aber niemand hat uns das beigebracht. In der Schule haben wir Lesen, Schreiben und Rechnen gelernt. Wir haben gelernt, welche Schlachten Alexander der Große wann und wo geschlagen und gewonnen hat. Wir haben gelernt, wie viele Einwohner New York hat, wie lang der Nil ist – und vielleicht sogar, wie viel Braunkohle in Südaustralien gefördert wird.

Was wir hingegen nicht gelernt haben, ist, wie man wirklich lebt. Wie man seinen Körper gesund erhält, wie man den richtigen Beruf und später vom Beruf zur Berufung und Erfüllung findet. Wie man den richtigen Partner findet und mit ihm glücklich wird. Wie man seine Probleme löst, seine Wünsche erfüllt und seine Ziele sicher erreicht. Wie man Erfolg hat, sein Leben bewusst gestaltet und auch im Alter »jung« und vital bleibt. Wie man zu sich selbst findet und ein wirklich erfülltes Leben lebt.

Alles das haben wir in der Schule nicht gelernt. Wir haben nicht einmal gelernt, wie man mit seinem Denkinstrument optimal umgeht und seine faszinierenden Möglichkeiten nutzt, sein Leben bewusst nach seinen Wünschen zu gestalten.

Dann erst erkennen wir, was Leben wirklich bedeutet und wie wir »gemeint« sind. Dass wir vom Leben *alles* haben können – wir müssen nur anfangen, *unser Leben wirklich zu »führen«*. Das Leben ist einfach zu wichtig, um es dem Zufall zu überlassen.

Schaffen Sie sich eine erfüllende Zukunft, denn Sie werden den Rest Ihres Lebens darin verbringen!

WERDEN SIE EIN »ZUKUNFTSZAUBERER«,
ABER NICHT EIN »ZUKUNFTSZAUDERER«.

Machen Sie sich bewusst: Sie können die Zukunft frei bestimmen. Wie der Bauer, der auch nicht wartet, welche Samen der Wind zufällig auf seinen Acker wehen wird. Er plant seine Ernte, er bestimmt, wie viel wovon wo wann wachsen soll. Und er erntet genau das, was er gesät hat.

Vor Jahrtausenden waren die Menschen noch Nomaden, Sammler und Jäger. Besitz war noch nicht erfunden, die Erde gehörte noch sich selbst. Die Jagd war mühsam und oft erfolglos, und wenn wir nichts fanden, mussten wir hungern. Es war ein großartiger Schritt für die Menschheit, den Ackerbau zu erfinden. Damit hatte der Mensch die Macht, zu bestimmen, dass er in Zukunft keinen Hunger mehr leiden musste.

Spirituell aber sind wir noch immer Nomaden, Sammler und Jäger. Wir jagen heute nicht mehr Mammut und Säbelzahntiger. Heute jagen wir dem Erfolg nach, und noch immer bleibt die Jagd in den meisten Fällen erfolglos. Wir jagen unserer Jugend und der Gesundheit hinterher oder der idealen Partnerschaft und hoffen und bangen, dass es klappt, und allzu oft klappt es halt eben nicht.

Schöpferische Imagination als besondere Variante des Mentaltrainings ist nichts anderes als das Planen der Ernte. Im »geistigen Ackerbau« ist Ihr Acker gleichsam Ihre Zukunft. Sie gehört Ihnen, und niemand macht sie Ihnen streitig. Sie können Ihre Zukunft gestalten mit Ihren Wünschen. Sie können säen, was Sie wollen. Ernten aber werden Sie das, was Sie gesät haben. Nicht mehr und nicht weniger und nichts anderes. So wie der physische Ackerbau uns Wohlstand gebracht hat, so können die schöpferische Imagination und die bewusste Gestaltung unserer Zukunft uns geistigen Wohlstand und ein erfülltes Leben bringen.

IHRE ZUKUNFT GEHÖRT IHNEN.

> *Alles im Universum ist in dir.*
> *Darum fordere alles von dir selbst.*
>
> RUMI

Einführung: Leben Sie jetzt!

Sicherheit
durch Selbst-Vertrauen

Wir leben in einer Zeit wachsender Unsicherheit, Verwirrung und Orientierungslosigkeit. Die Werte wandeln sich. Nichts funktioniert mehr so wie früher. Das Leben in einer so aufregenden Zeit fordert von uns, uns neu zu besinnen, uns unserer selbst bewusst zu werden, aktiv und konstruktiv an den Veränderungen auf dieser Welt teilzunehmen (und dabei bei uns selbst anzufangen).

Wer ein Buch wie dieses liest, erwartet Antworten auf brennende Fragen, mehr Orientierung, mehr Sicherheit, mehr Handlungsfähigkeit. Wie können wir diese neue Sicherheit gewinnen?

In Sicherheit zu leben gehört zu unseren grundlegenden Bedürfnissen. Viele Menschen kämpfen zeit ihres Lebens um diese existenzielle Sicherheit. Auf dieser Ebene scheint das Leben wirklich ein Kampf zu sein: der Kampf ums Überleben, der tägliche Druck und krank machende Stress.

Doch dieser Kampf ist nur eine Fiktion. *Erst wenn wir uns von der Illusion, es ginge um einen Kampf ums Überleben, befreit haben, können wir mit dem wirklichen Leben beginnen.*

Der Kern dieser Illusion ist, dass die meisten

Menschen ihre Sicherheit im Äußeren suchen: im Besitz, Vermögen und in Versicherungen. Als ob sich das Leben versichern ließe! Es ist eine Spirale, die eigentlich nie enden kann: Ist der Besitz größer geworden, wächst die Angst vor Diebstahl und Einbruch, also sind teurere Sicherungssysteme gefragt. Jede so nur äußerlich »sicher gestellte« Angst macht die innere Angst umso größer. Es scheint immer mehr auf dem Spiel zu stehen, immer mehr abgesichert werden zu müssen. Doch das Fatale ist: *Je mehr ich mich gegen eine innere Angst versichern will, desto mehr ziehe ich genau das an, wovor ich mich schützen möchte!*

Was können die teuersten Versicherungen und Sicherungssysteme bewirken, wenn mir an innerer Selbstsicherheit fehlt? Und darum geht es doch eigentlich. Doch Selbstsicherheit kommt von innen, aus einem unerschütterlichen Selbstvertrauen. Es kommt nicht aus dem Ego, denn das Ego ist nach außen gerichtet, sondern von innen aus dem »Wahren Selbst«.

Selbstsicherheit ist selbstbewusstes Handeln aus dem wahren Selbst heraus: sich nicht als Spielfigur missbrauchen zu lassen, sondern das Leben in die eigenen Hände zu nehmen. Jeder von uns hat das Potenzial in sich, seine Lebensverhältnisse selbst zu erschaffen, sich als Schöpfer seines eigenen Lebens zu verstehen.

Das Wissen, als Schöpfer alle Lebenslagen aus eigener Kraft meistern zu können, und das Vertrauen zu sich selbst unterscheidet einen wirklich selbstsicheren und selbstbewussten Menschen von der Masse der Unsicheren und dadurch Fremdgesteuerten.

Wir können unser Leben nach eigenen Vorstellungen gestalten, können unsere Wünsche realisieren und mit uns und unserer Umwelt in Harmonie leben. Wer hingegen an sich zweifelt, abhängig ist von der Meinung anderer, wird alles zögernd angehen und wird, gehemmt durch die eigene Unsicherheit, viel seltener ein Ziel erreichen. Er kann sich nicht selbst verwirklichen, kann all die wunderbaren Anlagen, die er hat, nicht nutzen.

Jeder Mensch hat jedoch die Möglichkeit, sich Selbstvertrauen und Sicherheit zu erwerben. Und das ist einfacher, als Sie vielleicht denken. Sie brauchen lediglich den Wunsch, sich zu entdecken, Offenheit sich selbst gegenüber und natürlich Zeit.

Es gibt viele Wege zu sich selbst, aber es gibt nur einen Beginn: die Suche. Schon in der Bibel heißt es: »Suchet, so werdet ihr finden.« Wir begeben uns auf die Suche nach dem größten Schatz, den uns das Leben überhaupt bieten kann: *uns selbst*. Wenn Sie *sich selbst* gefunden haben, dann stehen Ihnen alle Möglichkeiten zur Verfügung, Ihr Leben glücklich und erfüllt zu leben.

Wir lernen uns kennen, können uns lösen von gewohnten Verhaltensstrukturen und eingefahrenen Denkweisen. Wir können uns in einem anderen Licht sehen, können viel Neues an uns und in uns erkennen. Wir werden uns unserer selbst bewusst, werden SELBST-BEWUSST, und diese Kenntnis um uns selbst gibt Sicherheit und Vertrauen in uns und unsere Fähigkeiten. Wir leben aus unserer Mitte heraus, haben die Gewissheit, dass wir uns auf uns verlassen können, und deshalb gibt es nichts, was uns von unserem Erfolgskurs abbringen könnte.

Selbstsicherheit heißt, ja zu sich selbst zu sagen, bedeutet innere Freiheit und tiefes Vertrauen zu den eigenen Kräften und Fähigkeiten. Möchten Sie nicht auch zufrieden mit sich sein, Glück empfinden können, sich und anderen Freude bereiten? Möchten Sie einmal verrückte Dinge unternehmen – vielleicht eine Weltreise machen, Drachenfliegen oder möglicherweise in späten Jahren endlich Ihren Traumberuf erlernen?

Sie können es, wenn Sie es wollen und die Voraussetzungen in sich selbst dazu schaffen. Das Leben macht sehr viel mehr Spaß, wenn Sie das tun, was Sie wollen, wenn Sie sich nicht einengen lassen, sondern nach Ihren Vorstellungen leben. Sehen Sie, wie der Vogel sich in die Lüfte erhebt, mit ruhigem Flügelschlag seine Runden zieht und alle Erdenlast weit unter sich zurücklässt. Auch Sie können die Fesseln ablegen, die in Form von Unsicherheit, Zögern, Angst, Zweifel Ihre Seele einengen – schwingen Sie sich in die Lüfte, sehen Sie die Welt mit ihren Problemen aus der Vogelperspektive, vertrauen Sie auf die Kraft in sich und suchen Sie alles in sich selbst, denn nur dort finden Sie den Beginn für den weiteren Weg.

Sie benötigen dazu erst einmal Ruhe, um in sich zu gehen und Ihr wahres Selbst zu finden, Ihre innere Stimme zu hören und die Wahrheit zu erfahren. Sie lernen zu unterscheiden zwischen Schein, Sein und Wirklichkeit. Sie werden mit den geistigen Gesetzen in Berührung kommen und mit deren Hilfe Ihr Leben auf ein festes Fundament stellen.

Sie sind auf der Suche – auf der Suche nach sich selbst –, und das Buch begleitet Sie auf diesem Weg, gibt Ihnen Hilfestellung, zeigt Ihnen Möglichkeiten der Selbsterfahrung, der Selbsterkenntnis, aber auch des Handelns als »neuer Mensch«, der mit dem wunderbaren Werkzeug der SCHÖPFERISCHEN IMAGINATION ausgestattet ist.

Ankommen kann nur, wer ein Ziel hat. Legen Sie Ihr Ziel, was Sie mit diesem Buch erreichen möchten, genau fest. Sie sollten sich darüber klar werden, was Sie wollen, welche Richtung Sie einschlagen und welche Wege Sie gehen möchten. Wenn Sie einen Berg besteigen wollen, dann können Sie entscheiden, ob Sie den direkten Weg gehen oder den leichteren, aber längeren Weg nehmen, ob Sie bis ganz zum Gipfel möchten oder ob es Ihnen genügt, nur die Hütte im oberen Teil des Berges zu erreichen. So ist das auch bei allen Wünschen, die Sie an das Leben haben – der Weg entscheidet mit über den Erfolg.

Es ist kein Zufall, dass Sie dieses Buch lesen. Sie fühlen, dass Sie glücklicher sein könnten oder zumindest zufriedener. Sie möchten etwas verändern, denn sonst hätten Sie sich nicht für diese Lektüre entschieden. Sie haben also schon den ersten

Schritt getan – machen Sie die nächsten Schritte kraftvoll und mit Freude.

Fragen Sie sich, was es für Sie bedeutet, mit Selbstsicherheit Ihr Leben in die Hände zu nehmen, als Schöpfer Ihres Lebens tätig zu sein. Was verändert sich damit an Ihrer augenblicklichen Situation?

- Haben Sie so mehr Freude am Leben?
- Können Sie so akute Probleme lösen?
- Können Sie Ihre wahren Ziele so besser erreichen?

Selbstvertrauen ist der Grundstein des Lebens. Entferne ihn, und das Leben zerfällt.

Der königliche Weg

Wenn wir das Leben in die eigenen Hände nehmen und bewusst gestalten, sollten wir uns bewusst sein: In der »Schule des Lebens« kann sich keiner drücken. Entweder er lernt auf dem »königlichen Weg« durch Erkenntnis oder auf dem normalen Weg, durch den Nachhilfeunterricht des Schicksals, durch Krankheit und Leid.

Wir sind hier, um zu leben, lieben, lernen und lachen. Viele vergessen das Lernen. Das Leben ist geduldig mit uns, doch wenn wir unsere Lektionen im Alltag nicht lernen, erhalten wir »Nachhilfeunterricht«. Wir drehen uns mit unseren Problemen immer wieder im Kreis, bis wir gelernt haben, das Problem zu lösen.

Das Leben selbst ist der beste Therapeut, denn es heilt jeden, häufig über die Lektionen des Leidens und der Krankheit. *Wir haben nur die Wahl, wie wir lernen, ob wir den Weg des Leidens wählen oder den königlichen Weg der Freude.* Drücken kann sich in der »Schule des Lebens« ohnehin keiner.

Erkennen wir auch, dass der Platz, auf dem wir stehen, der einzig richtige ist. Nur von diesem Platz aus kann ich die notwendigen Schritte in die

Freiheit tun. Nur von diesem Platz aus kann ich den Augenblick erfüllen. Ohnehin ist es im Leben nicht so wichtig, auf welchem Platz ich stehe, sondern nur, wie ich ihn ausfülle! So sollten Sie JETZT ganz bewusst »Ja!« sagen zu dem Platz, auf dem Sie stehen, ihn frohen Herzens annehmen!

Sagen Sie ja zu Ihrem Platz, auf dem Sie jetzt stehen, denn nur von diesem Platz aus können Sie Ihr Leben wirklich verändern, alles andere wäre eine Fiktion. Und entscheiden Sie sich dafür, in Ihrem Leben den königlichen Weg zu gehen, den Weg des bewussten Schöpfers.

Allzu viele leben wie der arme Mann in einer Geschichte, der in seiner kalten, zugigen Hütte hauste, hungerte und fror, in Lumpen gekleidet war, aber in seinem Keller hatte er einen Schatz. Wann immer er wollte, stieg er in seinen Keller hinab, öffnete seine Schatztruhe, zählte seine Goldstücke und erfreute sich an ihrem Glanz. Dann packte er alles wieder ein und ging rauf in seine kalte, zugige Hütte und hungerte und fror weiter.

Wir alle haben einen solchen Schatz in uns, unser »Wahres Selbst«, unseren »Inneren Meister«. Es ist vollkommenes Bewusstsein, das, was wir wirklich sind. Erst wenn wir im Bewusstsein unseres wahren Selbst leben, sind wir wirklich selbstbewusst, und dieses Selbstbewusstsein ist durch nichts mehr zu erschüttern.

Indem wir uns durch diesen »Inneren Meister« führen lassen, finden wir zur wahren Meisterschaft und machen aus unserem Leben ein Kunstwerk, etwas wirklich Einmaliges.

> WERDEN SIE DOCH ZUM GOLDSUCHER!
> DENKEN SIE IMMER:
> »WAS KANN DAS FÜR MICH BEDEUTEN?
> WELCHE MÖGLICHKEITEN BIETET MIR
> DAS GESAGTE?
> WIE KÖNNTE ICH ES JETZT NUTZEN?«

Solange Sie Ihren Blick auf den Mangel richten, führt das zu Unzufriedenheit und Aggression, sobald Sie aber Ihren Blick auf die Möglichkeiten richten, bietet das Leben Ihnen in jeder Sekunde eine Chance, und Ihr Leben wird reicher und Sie selbst glücklich!

Erkennen wir also: Überall ist Mangel, denn nichts ist vollkommen, aber überall sind Möglichkeiten, und jede Schwierigkeit ist nur eine verkleidete Möglichkeit. Glück ist nicht Glückssache, sondern die logische Folge von Hören, Denken, Reden und Erkennen von Möglichkeiten.

Es ist vollkommen gleich, wo Sie in diesem Augenblick stehen, entscheidend ist nur, *wohin Sie jetzt gehen*! Tun Sie jetzt den ersten Schritt in die richtige Richtung, und Sie ändern Ihr Leben in diesem Augenblick!

Aber es kommt nicht darauf an, dass Sie es wissen, denn wer etwas weiß, der kann noch nichts. Doch auch wer etwas kann, verändert noch nichts. *Erst das Tun verändert die Welt.*

FÜHREN SIE AB HEUTE ALLES,
WAS SIE BEGINNEN, ERFOLGREICH ZU ENDE.
MISSERFOLGE SIND VON NUN AN NUR NOCH
ZWISCHENERGEBNISSE AUF DEM WEG ZUM
ENDGÜLTIGEN ERFOLG.

Denken Sie nicht mehr »in Schwierigkeiten«, sondern »in Möglichkeiten«. Hören Sie auf neue Chancen und lassen Sie sich neue einfallen. Vor allem erkennen Sie *überall* neue Möglichkeiten – auch im scheinbar Negativen!

Der unerschütterliche Glaube an sich selbst ist wie das Gaspedal beim Auto, und der Zweifel ist die Bremse. Entscheiden Sie sich, ob Sie Gas geben oder bremsen wollen. Beides zusammen geht nicht.

Wenn ich ohne Führerschein Auto fahre, werde ich früher oder später Schwierigkeiten bekommen. Ich verletze die Gesetze und werde dafür zur Rechenschaft gezogen, und außerdem könnte ich sogar einen Unfall verursachen, also Disharmonie im Leben schaffen. Es ist daher wichtig, dass ich eine Fahrschule besuche, um zu lernen, mein Auto (mein SELBST) wirklich zu beherrschen.

In der Fahrschule lerne ich am Anfang die Theorie, die Verkehrsregeln der Straßenverkehrsordnung. Genauso sollte ich, bevor ich mein SELBST in Besitz nehme und in Aktion setze, die »Geistigen Gesetze« kennen lernen, in diesem Buch vor allem das GESETZ DER SCHÖPFERISCHEN IMAGINATION.

Dann kommt der praktische Unterricht im Leben selbst, die Fahrstunden. Hier lerne ich, mich SELBST im Einklang mit den Geistigen Gesetzen zu verhalten, die gesammelten Erkenntnisse praktisch zu leben und die Rechte der anderen zu achten. Das ist anfangs noch recht kompliziert, wird aber immer mehr zur Routine.

Wenn ich dann das Autofahren beherrsche, also wirklich mit meinem SELBST umgehen kann, wird das Leben zum Spiel, Unfälle (Disharmonien und Kollisionen mit dem Leben) werden immer seltener, bis ich endlich ganz unfallfrei fahre. Dann wird das Leben spielerisch, das Fahren ein Vergnügen.

Doch Auto fahren kann ich erst, wenn ich eingestiegen bin, wenn ich den Weg nach Innen gegangen bin, eins geworden bin mit mir SELBST. Das ist das Thema dieses Buches.

Dann beginnt das eigentliche Leben, das Spiel, die »Leichtigkeit des Seins«.

Um in dieser »Leichtigkeit des Seins« zu leben, muss ich die »Wirklichkeit hinter dem Schein« erkennen. Aber dem widmen wir ein neues Kapitel!

> *Man muss das Unmögliche versuchen,*
> *um das Mögliche zu erreichen.*

Der Spielfilm des Lebens

Das Leben ist wie ein Film, und die meisten Menschen spielen mit, ohne zu bemerken, dass alles nur ein Film ist. Manche erkennen zwar den »Lebensfilm«, fühlen sich aber davon getrennt, obwohl sie darin handeln. Nur ganz wenige stehen hinter dem Projektor und spielen den Film ab.

Wirklich leben aber tut nur der, der hinter der Kamera steht und den Lebensfilm dreht, nach einem Drehbuch, das er selbst geschrieben hat. Er weiß auch, wem das Kino gehört und wer die Zuschauer in Wirklichkeit sind, die sich den Film ansehen, dem auch er gleichzeitig zuschaut.

Der Kinobesitzer in diesem Beispiel ist Gott, die einzige Realität, und wir alle sind ein Teil dieser einen, umfassenden Realität, ein Teil dieses einen Bewusstseins, das wir Gott nennen. Alles andere ist »Maya«: Schein, ein »Abbild« dieser einen Wirklichkeit. Und der Titel des Films heißt »Das Spiel des Lebens«.

In diesem Film sind wir Drehbuchautor, Regisseur, Hauptdarsteller, Zuschauer, ja sogar Mitbesitzer des Kinos, in dem der Film läuft. Worauf es ankommt, ist, dass wir uns dessen bewusst sind.

Das Ganze findet uns zur Freude statt. Wenn mir der Film keinen Spaß macht, sollte ich das Drehbuch ändern, eine andere Rolle spielen, mir dieser Rolle bewusst sein und das »Spiel des Lebens« genießen.

Im Hinduismus wird das »Spiel des Lebens« als »Maya« bezeichnet. Das wird oft als »Täuschung« oder »Illusion« übersetzt, bedeutet aber in Wirklichkeit »Erscheinung« oder »Spiegelbild«. Wenn ich aber das Spiegelbild mit der Wirklichkeit verwechsle, dann täusche ich mich. Sowohl der Pessimist wie auch der Optimist sehen die Welt, sich selbst und ihre Situation nicht so, wie sie ist, sondern durch die Brille ihrer Vorstellung. Zwar ist es schon besser, Optimist zu sein als Pessimist, noch besser aber ist es, die Wirklichkeit hinter dem Schein zu erkennen.

Jeder von uns ist mit einer bestimmten Absicht in diese Welt gekommen und kann Erfüllung nur finden, wenn er diese seine Lebensaufgabe erkennt, annimmt und erfüllt. Er braucht nur zu erkennen, welche Fähigkeiten, Kräfte und Neigungen er mitgebracht hat, was ihm wirklich Freude macht und auf welchen Platz ihn das Leben gestellt hat. Entscheidend ist nicht der Platz, auf dem ich stehe, sondern, wie ich ihn ausfülle.

Diese Lebensaufgabe wird durch Ihre Lebensumstände an Sie herangetragen. Das Leben schickt Ihnen auch ständig Lehrer, zeigt Ihnen Wege zur Erfüllung. Sie brauchen nur die Chancen zu erkennen und zu nutzen, dann können Sie Ihre Aufgabe gar nicht mehr verfehlen. Dann sind Sie auf Ihrem Weg.

Ihr Ideal, Ihre Vision ist Ihre Wahrheit und Wirklichkeit, und was nicht damit übereinstimmt, ist »Sünde« – Trennung von sich selbst.

Können Sie schon bewusst das »Spiel des Lebens« spielen?

Machen Sie sich bewusst und identifizieren Sie sich mit den folgenden Sätzen, indem Sie diese laut vorlesen und vielleicht auch mehrmals wiederholen:

- Das »Spiel des Lebens« wird mir zur Freude gespielt. Ich bin ab jetzt der Spieler/die Spielerin – nicht mehr Spielfigur. Schwierigkeiten machen das »Spiel des Lebens« erst interessant. Jedes gelöste Problem bringt mir eine Erkenntnis. Mein Platz ist dort, wo ich gerade stehe.
- Ich selbst bestimme mein Schicksal, ich muss es annehmen, und nur ich kann es ändern, nur ich bestimme alle Umstände. Meine Lebensumstände sind ein »Spiegelbild meines Bewusstseins«. Ich lasse jetzt los, was nicht mehr wirklich zu mir gehört.
- Ich erkenne, ich bin ein Schöpfer. Ich kann alles erreichen, was ich *denken* und *glauben* kann. Wenn mir mein Leben nicht gefällt, kann ich es ganz einfach ändern, indem ich mein Bewusstsein ändere.
- Das Leben ist ein Spiel, und solange ich lebe,

spiele ich es mit. Ich entscheide selbst, ob ich als Spielfigur oder als Spieler teilnehme. Es ist der Sinn des Lebens, auf Entdeckungsreise zu gehen, das Abenteuer Leben bewusst zu erleben und wirklich zu genießen, denn das »Spiel des Lebens« findet mir zur Freude statt.

- Meine Aufgabe ist es, das Gelernte in Leben umzuwandeln. Nicht totes Wissen anzusammeln, sondern mein Bewusstsein zu erweitern und sinnvoll in der Welt zu handeln.

- Das Schicksal ist nur ein Spiegelbild meines »So-Seins«. Jeder bekommt vom Schicksal das, was er verursacht.

- Leben heißt zu lernen, die unwiderstehliche Macht des Denkens verantwortungsbewusst zu nutzen. Zu lernen, das Richtige zu tun, das Notwendige nicht zu unterlassen und das Falsche nicht zuzulassen.

- Meine Vergangenheit ist vorbei und kommt nie mehr wieder. Also lerne ich daraus und lasse sie los – und bin endlich frei. Es kommt immer Besseres nach.

- Mein Glück ist nicht von den Umständen abhängig, sondern von meiner Einstellung. Jeder Augenblick ist einmalig und kommt in dieser Form nie wieder zurück.

- Leben heißt, voller Energie und Freude gesund in der Fülle zu leben, in einer erfüllenden Partnerschaft, in der man sich jeden Tag miteinander und aneinander freut, und zu arbeiten aus Freude, in einem Beruf, der wirklich Berufung ist. Eine normale Karriereleiter führt nirgendwohin, nur ans Ende der Leiter. Deshalb ist der Beruf nicht etwas, *wofür*, sondern *wovon* man lebt.

- Es gibt nichts, wovor ich Angst haben müsste, denn es gibt nichts außer der *einen* Kraft. In der Einheit mit dem höchsten Bewusstsein bin ich unbesiegbar.

- Mein »Innerer Meister« wartet darauf, mir die richtigen Entscheidungen bewusst zu machen. Er spricht ständig zu mir, und ich kann seine Botschaften auf vielfältige Weise sichtbar machen. Dadurch, dass ich Sätze vollende, mich mit Tarot und Ähnlichem beschäftige, die Botschaften meines Körpers verstehen lerne, die Lebensumstände begreife, ein Buch aufschlage und bestimmte Zeilen als Wegweiser nehme.

- Alle Weisheit und die Antwort auf alle Fragen liegen in mir. In jedem Augenblick kann ich mein ganzes Leben ändern. Ich besitze nichts, alles ist vom Leben geliehen. Alles sind nur »Spielsachen«, die ich ohnehin hier zurücklasse. Ich besitze nichts, nicht einmal mein Leben, meine Zeit, meine Kraft.

- *Was wirklich zu mir gehört, das kann ich nicht verlieren, und was nicht zu mir gehört, kann ich ohnehin nicht halten.* Das Einzige, was ich mitnehme, sind meine Erkenntnisse. Dafür habe ich gelebt. Doch nicht das Wissen, nur das Tun ändert die Welt.

- So lerne ich, »tätig zu danken« durch die Art, wie ich lebe. Jemanden zu »erkennen« als der, der er wirklich ist, ist der größte Liebesdienst, den ich ihm erweisen kann. So erhebe ich ihn zu sich selbst. So sehe ich alles als »Gottesdienst«, und so gibt es auch keinen Stress.

- Der Tod ist dann die »Krönung des Lebens« und nicht das Ende. Ich war immer und werde immer sein, denn ICH BIN. *Ich bin vollkommenes, unsterbliches Bewusstsein, bin ein Teil des Höchsten Bewusstseins.*

- Der Weg ist das Ziel, das Ziel ist nur das Ende des Weges und der Beginn eines neuen Weges. Also genieße ich es, auf dem Weg zu sein.

Vielleicht sind Sie noch nicht mit jedem dieser Sätze im Einklang, können sich noch nicht damit identifizieren. Prüfen Sie bitte, wenn Sie das ganze Buch gelesen haben, wie der Text dann auf Sie wirkt, was sich verändert hat, wie Sie harmonischer mit sich selbst sind.

Wenn Sie jetzt ins Leben hinaustreten, dann scheint alles wie vorher. Sie leben mit demselben Partner, üben denselben Beruf aus und fahren dasselbe Auto. Nur eins ist anders, Sie wissen von nun an, wer Sie wirklich sind und dass alles nur ein Spiel ist.

Wie gesagt: Ihre Vergangenheit ist vorbei und kehrt nicht mehr wieder. Also lernen Sie daraus und lassen Sie los – so sind Sie endlich frei. *Immer kommt etwas Besseres nach, doch es muss nicht jedes Mal etwas Bequemeres sein!*

Also, worauf warten Sie? Fangen Sie an. Spielen

Sie das »Spiel des Lebens« und erinnern Sie sich daran: Dieses Spiel ist Ihnen zur Freude erdacht worden, also erfreuen Sie sich an diesem Spiel.

IN DIESEM SPIEL
KÖNNEN SIE NUR GEWINNEN.

Wenn Sie sich entschieden haben, dieses Spiel zu spielen, dann können wir uns über die wichtigsten Spielregeln verständigen, das Hauptthema dieses Buches.

Bitte fragen Sie sich:

- Welche Konsequenzen ergeben sich aus diesen Erkenntnissen? Welche neuen Gewohnheiten sollte ich mir zulegen?
- Es »geschieht nichts«, es sei denn, ich bringe es selbst auf den Weg, verursache es.
- Also, wie ändert sich mein Leben ab jetzt?
- ICH bestimme mein Leben – es ist sonst keiner da, der es für mich tut!

Ein Lehrer oder ein Buch ist in Ihrem Leben nur ein Wegweiser.

EIN WEGWEISER ZEIGT ZWAR
VERLÄSSLICH DEN RICHTIGEN WEG,
ABER ER KANN KEINEN
EINZIGEN SCHRITT FÜR SIE TUN.

Aufwachen aus dem Traum

Die meisten Menschen leben gar nicht wirklich, sie träumen nur vom Leben, und sehr oft ist das ein Albtraum. Aber auch wenn es ein schöner Traum ist, es ist nur ein Traum. Ich kann mich gesund oder erfolgreich träumen. Ich kann mich geliebt oder liebend träumen. Ich kann mir Macht, Besitz, Ruhm, Reichtum träumen, aber es bleibt ein Traum. Ich kann mich auch erleuchtet träumen.

Will ich meinen Traum verwirklichen, muss ich aufwachen. Meine wahre Identität erkennen, annehmen und leben. Ich muss mich als Schöpfer erkennen, der zunächst auf der Traumebene geübt hat. Nun wartet aber die Wirklichkeit darauf, von mir bestimmt zu werden. Und alles ist möglich – es gibt keine Grenzen, außer denen, die ich mir selbst schaffe. Auch auf der Ebene der Wirklichkeit kann ich alles schaffen, nicht nur träumen, sondern bewusst erleben.

Schauen wir noch einmal zurück, wie es begann. Unser ganzes Leben ist eine Reise durch ein unbekanntes Land. Als Orientierungshilfen dienen uns anfangs Erfahrungen und Verhaltensmuster, später Theorien, Weltbilder und Philosophien. Von Zeit zu

Zeit zwingen uns Unwegsamkeiten, innezuhalten: Krankheit, Unglück, Trennung oder Tod fordern uns auf, die »Wirklichkeit hinter dem Schein« zu erkennen. Wir leben in dem Glauben, Einzelwesen zu sein. Schön eingebettet in das große Ganze, aber eben doch ein »Ich«. Das Ich aber hat Sehnsucht nach sich selbst, denn als Ich kann es keine Erfüllung finden. Vielleicht habe ich Erfolg, vielleicht ist meine Partnerschaft ganz befriedigend, und *doch bleibt das Gefühl, dass das Leben noch mehr zu bieten haben muss.*

Irgendwann auf meiner Suche finde ich die schöpferische Imagination: ein ganz entscheidender Schritt auf dem Weg. Ich erlebe mich als Schöpfer, erkenne und nutze die schöpferische Kraft und gestalte mein Leben und mein Schicksal. Ich erkenne mein eigentliches Sein und meine Fähigkeit, alles zu erreichen und zu verwirklichen, was mir wichtig ist.

Es war Paracelsus, der die Bezeichnung »Ihre stärkste Kraft ist die Einbildungskraft« geprägt hat. Er bezeichnet damit die eine, Wirklichkeit schaffende Kraft, die von innen her die Dinge bestimmt und in Erscheinung treten lässt.

Durch die Imagination (Einbildung) bewegt sich die Welt, ja sie ist letztlich aus der Imagination entstanden. Ist die Kraft stark genug, die die Imagination bewegt, ist nichts mehr unmöglich – absolut nichts. Mithilfe der Imagination können wir unseren Körper heilen, ja sogar verjüngen, wir können den Zufall bestimmen und Begegnungen und Ereignisse »geschehen« lassen und alle Umstände frei bestimmen. Gedanken und Gefühle sind magnetisch und ziehen gleiche und ähnliche Energien an. Sie sind eine schnelle, leicht bewegliche Form von Energie, die sich augenblicklich manifestiert, im Gegensatz zu dichteren Formen, wie etwa Materie. Trotzdem manifestieren sie sich auch materiell, wenn man sie nur lange genug im Bewusstsein behält oder die stärkste Kraft des Universums in Tätigkeit setzt, die schöpferische Urkraft. Wer dauernd an Krankheit denkt, wird schließlich zuverlässig krank werden. Ebenso könnte er aber auch die Vorstellung in seinem Bewusstsein bewegen: »Ich bin jetzt wieder im Vollbesitz meiner natürlichen Kräfte und Fähigkeiten«, und es wird ebenso zuverlässig eintreten.

Die Konzentration auf eine Vorstellung führt dazu, dass in der Materie eine entsprechende Wirkung in Erscheinung tritt. Alle unsere Lebensumstände sind so entstanden, wenngleich meist unbewusst. Doch obwohl die Imagination unser ganzes Leben bestimmt, scheint sie kaum jemand wirklich zu beachten.

Sie können sich die zuverlässige Wirkung selbst beweisen, indem Sie sich einige Zeit immer wieder einmal auf eine ungewöhnliche Situation oder einen ausgefallenen Gegenstand konzentrieren und sich dabei die Situation oder den Gegenstand genau vorstellen.

Beachten Sie dabei, dass Sie sich nichts Außergewöhnliches vorstellen, sondern nur etwas, das

Sie eigentlich nicht erwarten, aber an das Sie glauben können: einen Telefonanruf, einen Brief, den Sie von einem Menschen bekommen, von dem Sie schon lange nichts mehr gehört haben.

Machen Sie diese leichte Imaginationsübung, um so praktisch in unser Thema zu kommen.

Halten Sie diese Vorstellung für mindestens 5 Minuten im Bewusstsein fest. Innerhalb von 3 Tagen wird das so Vorgestellte irgendwie in Ihrer Umgebung auftauchen. Es wird Ihr erster Beweis sein für *die Macht des Geistes über die Materie.*

*Man darf dem Erfolg nicht nachlaufen –
man muss ihm entgegengehen.*

Das Gesetz der
schöpferischen Imagination

Die Macht schöpferischer Manifestation

Wir alle sind Schöpfer, ob wir uns dessen bewusst sind oder nicht. *Und Schöpfer sein heißt, manifestieren zu können.* Bewusst oder unbewusst erschaffen oder manifestieren wir alle Lebensumstände, Ereignisse, Begegnungen, Beziehungen oder Dinge. Das können wir nur, weil uns überall eine Substanz zur Verfügung steht, die wir »Energie« nennen. Diese Energie ist bereit, in jeder gewünschten Form »in Erscheinung zu treten«.

Nach Einstein kann Materie in Energie und Energie in Materie umgewandelt werden, da Materie nur eine besondere Erscheinungsform von Energie ist. Schöpferische Manifestation ist der Weg, Gedankenenergie in Materie und damit auch in Lebensumstände umzuwandeln, denn Gedanken sind »Wirklichkeit schaffende Energie«.

Manifestation heißt also, mit der Hilfe von Gedanken »aus Energie« materielle Gebilde in Erscheinung zu rufen. Und achten Sie dabei einmal auf die Weisheit der Sprache: *Ge-bilde* sind zunächst *innere Bilder*, die in Form gehen, Form bilden und damit manifeste Gebilde werden. Manifestieren ist also kurz, aus flüchtiger Energie feste Materie bilden.

Das klingt zunächst sehr abstrakt. Feste Materie ist alles das, was ich mit meinen Sinnen wahrnehmen kann. Jedes Haus, das wir sehen, war zunächst nichts anderes als eine Idee, ein Gedanke. Daraus wurde ein Plan, und schließlich hat man das Haus nach diesem Plan gebaut. Zumindest alles, was wir Menschen erbaut haben, ist so entstanden: von den Pyramiden bis zur Sandkastenburg Ihrer Kinder.

Die Fülle aller Möglichkeiten wartet darauf, für Sie in Erscheinung treten zu dürfen, und »schöpferische Manifestation« ist der Weg, den erwünschten Endzustand in Erscheinung zu »rufen«. Dabei ist es ganz gleich, ob es sich um Gesundheit, beruflichen Erfolg, Partnerschaft oder spirituelle Entwicklung handelt, alles gehorcht dem Gesetz von Ursache und Wirkung.

Schöpferische Manifestation setzt die »schöpferische Urkraft« in Tätigkeit und bringt hervor, was immer Sie wollen. Denn alles, was Sie sich jemals wünschen können, ist bereits erschaffen. Sie brauchen es nur »in Erscheinung zu rufen«. Es ist schon da, nur noch nicht sichtbar geworden. Und um in Erscheinung zu treten, muss es gerufen werden.

Sie tragen in sich das Bild der vollkommenen Gesundheit. Es ist da, aber noch nicht in Erscheinung getreten. Sobald Sie sich mit diesem inneren Bild verbinden können, kann es auch nach außen treten, und Sie leben diese vollkommene Gesundheit.

Mit der Anwendung der »schöpferischen Manifestation« wollen wir aber keinesfalls unser Unterbewusstsein auf irgendeine Weise manipulieren. Wir schenken ihm das volle Vertrauen für alle Lebenssituationen, die sich im unbewussten Bereich abspielen. Unsere Hauptaufgabe ist es, unser Bewusstsein auf die Wünsche und Ereignisse einzustimmen und sie in klare Bilder des erwünschten Endzustandes umzuwandeln. *Dann übergeben wir dem Unterbewusstsein Bilder von dem, was wir erreichen wollen,* und ruhen in der inneren Überzeugung, dass das Richtige mit absoluter Sicherheit eintreffen wird.

Haben wir einmal das Bild unserer Idealvorstellung von unserem Bewusstsein im Unterbewusstsein verankert, dann hat das Leben keine andere Wahl, als dieses Bild in die Wirklichkeit umzusetzen. Das ist das eigentliche Wunder. Es kommt, ohne dass wir viel machen müssen. Deswegen sprechen wir von »in Erscheinung ›rufen‹«.

Dieser Vorgang wird ganz leicht und ohne Kraftanstrengung in Gang gesetzt. Wir können es leicht mit dem Drehen des Zündschlüssels an unserem Wagen vergleichen. Ist der Motor einmal angesprungen, vertrauen wir der Mechanik, dass sie eine fehlerfreie Funktion ausführt, ohne dass wir uns bei jedem Kolbenhub überlegen müssten, was unter der Motorhaube wirklich passiert.

Weil dies alles so spielerisch leicht und selbstverständlich passiert, wird auch klar, dass selbst Träume Wirklichkeit werden. Leider haben wir das Träumen weitgehend verlernt und sollten uns wieder daranmachen, diese Fähigkeit zurückzugewinnen.

An etwas Schönes denken und dann seufzend bemerken, dass es halt bloß ein Traum sei und nichts anderes, reicht nicht. Sie müssen sich den Traum als Wirklichkeit vorstellen und so lange an das Unterbewusstsein weiterleiten, bis er schließlich Wirklichkeit geworden ist.

Um die schöpferische Manifestation so in Gang zu setzen, ist aber ein gewisses Glaubenspotenzial nötig. Es gibt Erfüllungen, die sehr wenig, und andere, die eine fast erdrückende Menge an Glaubensenergie benötigen. »Nächstes Jahr verbringe ich meinen Urlaub am Meer« benötigt sicher nicht allzu viel Glaubensenergie. Anders ist es aber, wenn ich mir vornehme, auf den Mars zu fliegen. Da werde ich unwahrscheinlich viel Glaubensenergie investieren müssen, und vermutlich werde ich unter der riesigen Glaubenslast das Vorhaben aufgeben und darum auch nie zum Mars fliegen.

> *Schaffen Sie sich eine erfüllende Zukunft,*
> *denn Sie werden den Rest*
> *Ihres Lebens darin verbringen.*

Manifestation durch schöpferische Imagination

Alle Dinge geschehen zuerst im Bewusstsein, ehe sie im Außen geschehen können, und *schöpferische Imagination ist die Transformation einer Vorstellung in die Wirklichkeit* und lässt so Zukunft zur Gegenwart werden und Möglichkeit zur Gewissheit. Schöpferische Imagination ist eine spezielle Methode der Manifestation. Diese Methode beruht darauf, dass *die Gedanken erst zu einem Bild umgeformt werden müssen, bevor ein Gebilde sich formen und manifestieren kann.*

Dabei handelt es sich keineswegs um etwas Neues, Fremdartiges oder Ungewöhnliches. Sie wenden es bereits täglich unbemerkt an, denn es ist unsere natürliche Fähigkeit. Es kommt nur darauf an, sie bewusst einzusetzen, um unser Leben und Schicksal frei zu bestimmen.

Schöpferische Imagination ist der Weg, die eigene Vorstellungskraft zu nutzen, um die Lebensumstände frei zu bestimmen und zu manifestieren, was immer wir haben wollen. Wir alle nutzen diese Kraft bereits, meistens leider unbewusst. Dort, im Unterbewussten, aber sind die Schwierigkeiten, Mängel, Probleme, Disharmonien, und

43

so sieht dann auch das Leben aus, das unbewusst geschaffen wird.

Dabei können wir vom Leben alles haben, wir brauchen nur von unserer natürlichen Fähigkeit des Manifestierens Gebrauch zu machen, die schöpferische Imagination ist *das Tor zur Wirklichkeit.*

Jeder von uns hat einen wichtigen Beitrag in diesem Leben zu leisten, und jeder hat seine ganz besondere, einmalige Art. Der bewusste Gebrauch der schöpferischen Imagination stimmt Sie auf diese wahre Bestimmung ein und lässt in Erscheinung treten, was immer zu Ihrem Leben gehört.

Leid, Krankheit, Probleme, Mühsal, Druck, Stress gehören nicht zu diesem Weg, und wo immer Sie leiden, zeigt das nur, dass Sie noch etwas falsch machen.

In unserem westlichen Denken wird das Leid oft verherrlicht oder doch zumindest als unverzichtbar angesehen, dabei ist das Leiden an sich absolut unnütz. Es wird nur notwendig, wenn wir uns weigern, anders als auf dem königlichen Weg der Erkenntnis zu lernen. Dann wird das Leid unser Lehrer, der uns zwingt, unsere Aufgaben zu erfüllen. Doch Freude und Erfüllung sind ebenso zuverlässige, aber weitaus angenehmere Lehrer.

Der Weg der schöpferischen Imagination ist *der Königsweg, der Weg der Freude.* Schöpferisch imaginieren heißt, sich etwas so vorzustellen, dass es sich in der Außenwelt als Ereignis, als Situation oder Begegnung manifestiert, und es gibt wohl keinen schöneren und zuverlässigeren Weg, die Aufgaben zu lösen, die vor uns liegen.

Der beste Weg,
die Zukunft zu erkennen, ist,
sie selbst zu bestimmen.

Machen Sie doch einmal folgendes Experiment: In einem Raum mit mehreren Personen suchen Sie sich eine Person aus, die Sie nicht kennen. Das kann in der Straßenbahn sein, bei einem Vortrag oder in einem Café. Am besten wählen Sie jemanden, der Ihnen den Rücken zukehrt. Schauen Sie diesen Menschen konzentriert an und stellen Sie sich dabei ganz lebendig vor, wie er sich zu Ihnen umdreht. Erleben Sie immer wieder die kleine Szene, wie diese Person sich Ihnen zuwendet und Sie anschaut. So gut wie immer wird sie sich nach 1 bis 2 Minuten umdrehen und Sie fragend anschauen. Nicht etwa Ihren Nachbarn, sondern genau Sie.

Vielleicht haben Sie schon einmal oder öfter eine solche Erfahrung gemacht, aber haben Sie sich dabei schon einmal gefragt, wie eine solche Wirkung zu Stande kommt? Sie können das Experiment beliebig oft wiederholen, mit den verschiedensten Personen, das Ergebnis wird immer das gleiche sein: *Sie haben gerade einen anderen Menschen mit der Kraft Ihrer Gedanken berührt und ihn veranlasst, sich Ihnen zuzuwenden.* Sie haben von Ihrem Zauberstab Gedankenkraft Gebrauch gemacht, und es hat funktioniert. Es funktioniert immer. Sie haben mit Ihrem Geist etwas Beabsichtigtes verwirklicht.

Sollten Sie einsam sein und sich nach einem Partner sehnen, können Sie auf ähnliche Weise einen Partner anziehen und das Leben veranlassen, eine Begegnung herbeizuführen. Sie können sogar einen bestimmten Partner anziehen.

Vielleicht haben Sie auch schon einmal erlebt, dass Sie an einen bestimmten Menschen dachten, und kurz darauf begegnet Ihnen der andere »zufällig« in der Stadt, oder er ruft Sie an, obwohl Sie vorher lange nichts voneinander gehört haben. Glauben Sie wirklich, dass dies Zufall ist? Und wenn Sie es wirklich so nennen, dann ist es ein *Zufall, den Sie jederzeit herbeiführen können*. Sie können selbst den Zeitpunkt der Begegnung bestimmen, ja, Sie können sogar einfach den richtigen Partner anziehen, ohne zu wissen, wer der richtige ist. Auf die gleiche Weise können Sie sich einen neuen Arbeitsplatz schaffen, falls Sie einmal arbeitslos sein sollten oder sich auch einfach nur verbessern wollen.

Auch hier können Sie die Qualität dessen bestimmen, was Sie anziehen. Also eine Stellung, in der Sie mehr verdienen, oder eine Tätigkeit, die mehr Freude macht. Oder noch besser »Ihren Arbeitsplatz«, sodass Ihr Beruf wirklich zur Berufung wird.

Sie brauchen sich dann auch nicht mehr bei vielen Firmen zu bewerben, sondern gleich bei der richtigen, und Sie werden Erfolg haben. Sie haben so immer Erfolg!

SCHÖPFERISCHE IMAGINATION
IST DAS, WAS SIE BRAUCHEN,
UM ZU ERHALTEN, WAS SIE WOLLEN.
ES IST DAS GEHEIMNIS,
WIE MAN ZUKUNFT GESTALTET.

Der erste Schritt ist, die volle Verantwortung für das, was JETZT ist, zu übernehmen. Sie lehnen die Verantwortung ab, wenn Sie glauben, dass äußere Einflüsse (zum Beispiel Eltern, Lehrer, Staat, Zufall, Umstände) für Ihre ungünstigen Lebensumstände verantwortlich sind. So nehmen Sie sich die »Macht der Veränderung«. Durch Übernahme der vollen Verantwortung haben Sie die Möglichkeit, zu erreichen, was immer Sie wollen, und das Leben hat keine andere Wahl, als es Ihnen zu geben. Handeln Sie so, als wären Sie ALLEIN verantwortlich. Das verleiht Ihnen die Macht, zu erreichen, was immer Sie wollen.

Den besten Zugang zur Imagination haben wir über unsere Träume. Hier sind wir schon Meister der schöpferischen Imagination!

Lernen Sie das »Geheimnis des Träumens« kennen. Die meisten träumen ein Leben lang vergeblich von Reichtum und Erfüllung, weil sie den Unterschied zwischen »Weg-träumen« und »Her-träumen« nicht kennen. Wenn Sie aus dem Mangel von der Fülle träumen, dann träumen Sie weg.

Herträumen heißt, vom Ziel aus zu träumen und zu leben. Erst wenn Sie sich vorstellen können, dass eine Veränderung möglich ist, wird die Veränderung dadurch möglich. Sie persönlich haben eine bestimmte Schwingung, und Ihr Ziel hat eine bestimmte Schwingung. Wenn die Schwingungen nicht übereinstimmen, ist Erfüllung nicht möglich (Gesetz der Resonanz).

Sich resonanzfähig machen heißt, sich lebendig vorstellen zu können, am Ziel zu sein. Sich damit zu identifizieren und es so JETZT in Besitz zu nehmen. Wecken Sie den geistigen Riesen, der Sie sind, durch die schöpferische Imagination. Wir alle haben den geistigen Riesen, die schöpferische Urkraft eingesperrt in unser Körperbewusstsein, und allmählich haben wir geglaubt, dass wir so klein sind, wie wir uns danach fühlen. In Wirklichkeit aber ist unser Sein grenzenlos und wartet darauf, dass wir den »Geist aus der Flasche« lassen.

Treten Sie hervor als der, der Sie wirklich sind, und lassen Sie Ihr Bewusstsein wieder weit werden. Nehmen Sie sich in Besitz und treten Sie so Ihr geistiges Erbe an. Kommen Sie wieder zu sich – zu Bewusstsein!

Wecken Sie das Genie in sich, fangen Sie an, den geistigen Riesen, der Sie sind, auszubilden. Das geschieht vor allem durch die »Erinnerung«. Erinnern Sie sich wieder daran, wer Sie wirklich sind, und machen Sie von Ihren Möglichkeiten Gebrauch.

Sie sind nicht ein Opfer der Umstände, sondern

deren Schöpfer. Bestimmen Sie, was sein soll, und es wird »in Erscheinung treten«.

Schöpferische Imagination ist in einem viel höheren Maße an unserem Leben im Alltag beteiligt, als die meisten glauben. Da ist die Frau, die sagt: »Ich brauche nur an einer Konditorei vorbeizugehen, und schon habe ich ein Kilo zugenommen!« Das ist gar nicht mal so falsch, denn dann hat sie die Torte energetisch ins Bewusstsein genommen, und wenn sie noch ein paar Mal daran denkt, dann hat sie »geistig bereits zugenommen«.

Das Gleiche gilt, wenn man bei Diäten ständig vom Essen träumt. Damit hat man unbewusst erfolgreich Mentaltraining betrieben, leider in die falsche Richtung.

Führen wir das doch gleich einmal praktisch durch: Stellen Sie sich vor, dass Sie gähnen müssen. Wieder haben Sie den gleichen Effekt: Sie müssen gähnen. Die Vorstellung setzt sich in die Wirklichkeit um.

Diese kleine Übung bringt eigentlich noch nichts Weltbewegendes in Ihrem Leben – es geht aber zunächst um den positiven Lerneffekt. Stellen Sie sich einmal vor, Sie lächeln, und alle Zellen Ihres Körpers lächeln ebenfalls. Spüren Sie einmal, wie *dieses* »innere Lächeln« gut tut. Oder stellen Sie sich vor, Sie sind wieder Kind und tanzen und rennen auf einer Wiese. Sie spüren gleich die Leichtigkeit und Freude.

Das heißt, nicht die Umstände wirken auf uns, sondern unser Umgang damit. Denken Sie einmal darüber nach, was derzeit Ihr größtes Problem ist, der Problemkreis mit der stärksten Energie. Was kommt Ihnen da in den Sinn? Welche Gedanken, Bilder und Gefühle sind damit unbewusst verbunden? Verursachen die, was Sie erreichen wollen oder was Sie befürchten?

Jetzt ändern Sie einmal Ihre Einstellung, Ihre bewussten und unbewussten Gedanken, Gefühle und Bilder. Statt Ärger über das Dicksein nehmen Sie eine andere Einstellung an: die Freude über die Möglichkeit, jederzeit wieder schlank werden zu können. So schaffen Sie mit der schöpferischen Imagination Ihre Lebensumstände. Und so können Sie sie jederzeit ändern.

> *Nicht wie der Wind weht,*
> *sondern wie man die Segel setzt,*
> *darauf kommt es an.*

Die Kraft der Gedankenenergie

Kommen wir noch einmal auf das Thema Energie zurück und vertiefen es, denn jede Manifestation und Imagination bedarf der Energie.

Alles, was ist, sind materialisierte Vorstellungen, gedachte Tatsachen, verwirklichte Gedankenbilder. Erst wenn etwas gedacht ist, kann es in Erscheinung treten. Materie ist nur eine unterschiedliche Erscheinungsform von Energie.

Wir alle haben Energie, sonst könnten wir nicht leben. Diese Energie kann sich als körperliche Kraft zeigen, als Gesundheit oder als Ausstrahlung, die einfach jeden in ihren Bann zieht. Man kann mit seiner Energie andere regelrecht mitreißen.

Das Wort »Energie« kommt aus dem Griechischen und heißt »wirkende Kraft«. Die Physik definiert Energie als Kraft mal Weg. Wir verbrauchen Energie, ob wir nun arbeiten, spazieren gehen oder nur faul auf der Haut liegen. Ja sogar das Denken verbraucht Energie.

Energie kann weder erzeugt noch vernichtet, sondern nur von einer Form in die andere umgewandelt werden.

> *Erst wenn Sie sich vorstellen können,*
> *dass eine Veränderung möglich ist,*
> *wird diese Veränderung dadurch möglich.*

Elektrische Energie kann in Licht oder Wärme umgewandelt werden, mechanische Energie kann in Bewegung umgesetzt werden. Nach Albert Einstein kann bekanntlich auch Materie in Energie und Energie in Materie umgewandelt werden, da Materie nur eine besondere Erscheinungsform von Energie ist.

Alles, was auf der Erde lebt, bezieht seine Energie von der Sonne. Die Pflanzen speichern die Sonnenenergie als chemische Energie, die von Menschen und Tieren aufgenommen wird. Jede unserer Zellen besitzt dafür regelrechte »Energiekraftwerke«, die Mitochondrien. Hier wird die Nahrung mithilfe von Sauerstoff in ihre Bestandteile zerlegt und die darin gespeicherte Energie freigesetzt. Einen Teil dieser Energie braucht der Körper zu seiner Regeneration, den Rest spüren wir als Kraft oder Körperwärme.

Wird diese Energie wie beim Laser auf ein Ziel gerichtet, vervielfacht sich diese Kraft. So kann ein Mensch, der seine ganze Energie auf ein Ziel konzentriert, praktisch alles erreichen.

Alles, was ist, ist in Wirklichkeit *verdichteter Geist*, und die ganze Schöpfung ist ein Produkt dieses einen Geistes, eine Manifestation seiner Gedanken.

Das Wesentliche an allem Materiellen ist also das Immaterielle, die geistige Struktur, die man beim Menschen Bewusstsein nennt. Wir alle sind von unserem wahren Wesen her reines Bewusstsein, und da wir denken können, sind wir aufgerufen, als Mitschöpfer die Schöpfung mitzugestalten.

Dieser eine Geist, den wir Gott nennen, wirkt durch uns alle. Die Schöpfung ist vollkommen, aber nicht vollendet und geschieht ständig – durch uns. Mit jedem unserer Gedanken verändern wir die Schöpfung. Wir sind Werkzeug und nutzen die schöpferische Imagination als Werkzeug.

Vielleicht können wir das Prinzip der allem innewohnenden Energie leichter verstehen, wenn wir uns beispielhaft vor Augen halten, dass Tassen, Teller, Schüsseln, Vasen, Krüge und Figuren trotz der unterschiedlichen Formen alle aus Porzellan bestehen. Solange wir auf die äußere Form schauen, sehen wir keine Gemeinsamkeit, *erst wenn wir an die Ursubstanz denken, aus der alles geschaffen ist, erkennen wir das Eine hinter der Vielfalt.*

Schon das Wort »Substanz« gibt uns wertvolle Hinweise. Es kommt vom lateinischen *sub* (= »unter«) und *stare* (= »stehen«). *Substanz ist daher etwas, das etwas anderem, dem Wirklicheren untersteht.* Diese wirkliche Substanz ist es, aus der alles geschaffen ist, was in »Erscheinung« getreten ist. Diese wahre Substanz steht uns überall zur Verfügung und ist bereit, in jeder gewünschten Form zu »erscheinen«, sobald ein Schöpfer sie prägt. Die Form, die wir unseren Gedanken geben, prägt diese eine Substanz und lässt sie in »Erscheinung« treten.

Das Leben sagt zu unserer Manifestation immer nur JA! Warum also sagen Sie dem Leben nicht, was es hervorbringen SOLL! *Was immer ein Schöpfer in der Gewissheit des Glaubens denkt, muss in Erscheinung treten.* Der Glaube aktiviert die schöpferische Kraft in uns und zwingt die Energie, die gewünschte Form anzunehmen.

ALLES, WAS ICH DENKEN KANN,

KANN ICH AUCH ERREICHEN.

Es gibt zwar keinen Menschen, der nicht denkt, aber kaum jemand macht sich schon mal Gedanken über seine Gedanken. Wir denken drauflos, als ob Gedanken wirklich frei wären, dabei hat jeder Gedanke eine sofortige Wirkung auf mein Leben, verwirklicht, was er beinhaltet, und bestimmt letztlich mein Schicksal. Gedanken sind zwar stumm und unsichtbar, aber keineswegs wirkungslos!

Wenn *Sie* Ihre Gedanken nicht beherrschen, ist niemand da, der das für Sie tun könnte. Sobald Sie aber Ihre Gedanken ordnen, ordnet sich auch Ihr Leben. Der Schlüssel zur Beherrschung des Schicksals heißt: GEDANKENDISZIPLIN.

Die meisten Menschen glauben nur, dass sie ihr Leben selbst bestimmen. In Wirklichkeit wird Ihr Leben bestimmt von ihren selbst gewählten oder anerzogenen Verhaltensmustern, von ihren Vorstellungen und Wünschen und Sehnsüchten, von der Meinung der anderen, ihren Erwartungen und der Rolle, die sie spielen. Also lassen Sie nicht länger zu, dass Sie »gelebt werden«, sondern fangen Sie an, selbst zu leben. Machen Sie sich frei von allem, was nicht mehr wirklich zu Ihnen gehört. Sorgen Sie dafür, dass Sie am Ende Ihres Lebens sagen können: »Ich habe wirklich gelebt!« Viele sterben, ohne je wirklich gelebt zu haben!

DIE FÜLLE WARTET DARAUF,
FÜR SIE IN ERSCHEINUNG ZU TRETEN –
SIE BRAUCHEN NUR ZU SÄEN!

Ganz gleich, ob es um Gesundheit, Beruf, Partnerschaft oder spirituelle Entwicklung geht – alles gehorcht dem Gesetz von Ursache und Wirkung. Ihre Gedanken setzen die »schöpferische Urkraft« in Tätigkeit und bringen hervor, was immer Sie wollen – Sie müssen nur lernen, schöpferisch zu denken.

Denken ist das Bewegen geistiger Energie. Beharrlich und konzentriert bewegte Energie wird sichtbar. Jeder Gedanke hat eine biochemische und eine bioelektrische Wirkung.

Wir denken etwa 15 000 Gedanken am Tag. Die meisten sind unwichtig, viele sogar negativ. Aus Gedanken entstehen Taten. Auf negative Gedanken folgen negative Handlungen. Wenn wir die Richtung unserer Gedanken ändern, ändern wir unser ganzes Leben.

Wir können uns die sofortigen biochemischen

und bioelektrischen Wirkungen eines Gedankens vor Augen führen, wenn wir uns einmal bildhaft vorstellen, wir würden in eine Zitrone beißen.

Schneiden Sie sie in Ihrer Vorstellung in zwei Hälften, beißen herzhaft hinein – und sofort produziert das Unterbewusstsein mehr Speichel, damit die vermeintliche Zitronensäure im Mund verdünnt wird. Der Körper reagiert rasch auf jeden Gedanken mit einer Vielzahl von körperlichen und gefühlsmäßigen Reaktionen.

Wir müssen daher lernen, Gedankendisziplin zu halten, denn nur auf Gedankendisziplin folgt Tatendisziplin: klare Gedanken, klares Handeln.

Je höher die Energie ist, die wir bewegen, desto größer die Verantwortung und letztlich auch Macht (im wohlverstandenen Sinne). Wenn der Botenjunge in einem Konzern einen Fehler macht, bekommt er von seinem Vorgesetzten einen Rüffel, macht aber der Generaldirektor einen Fehler, wackelt unter Umständen sein Stuhl.

Alle Materie entsteht und besteht nur durch eine Kraft, welche die Atome in Schwingung bringt und sie zusammenhält. Wir müssen hinter dieser Kraft einen bewussten Geist annehmen. Dieser Geist ist der Urgrund aller Materie. *Nicht die sichtbare, aber vergängliche Materie ist das Wirkliche, Wahre, sondern der Geist dahinter ist die Wahrheit und Wirklichkeit.*

Aber auch die Wissenschaft hat auf der Suche nach der Substanz der Materie erkannt, dass es sich bei der Materie nur um unterschiedliche Erscheinungsformen einer Energie handelt.

Die großen Physiker wie Albert Einstein, Max Planck und Werner von Heisenberg beweisen, dass alle materiellen wie immateriellen Erscheinungen nur *verschiedene Verdichtungsgrade von Energien* sind. Daraus ergibt sich zwingend der Schluss, dass es eine Urenergie geben muss, aus der die Schöpfung letztlich besteht. Diese Urenergie wird in der Physik Nullpunktenergie oder freie Energie genannt.

Materie ist also Energie, und Energie ist nichts anderes als die Tätigkeit des einen bewussten Geistes. Da alles, was ist, zuvor gedacht wurde, kann es auch nichts Intelligentes geben ohne eine Intelligenz, die vorher da war. Viele nennen diese Intelligenz »Gott«.

> *Denken, was gut ist,*
> *sagen, was wahr ist,*
> *tun, was recht ist!*

So sollte man besser denken lernen, anstatt nur von anderen Gedachtes zu vermitteln.

> *Wenn die Blockaden aufgelöst sind,*
> *wird die Energie frei fließen.*
> *Sie kann gar nicht anders.*

Das Geheimnis
der inneren Bilder

Der wichtigste Schritt zur Manifestation ist, die »inneren Bilder« zu optimieren. Das betrifft vor allem *das Selbstbild*, das meist von anderen geprägt wurde und mir oft gar nicht entspricht, aber mein Leben entscheidend bestimmt.

Wie wörtlich wir das nehmen können, erkennen wir daran, dass hinter jedem unserer Gedanken ein Bild steht. Wenn wir verstehen wollen, warum wir tun, was wir tun, dann müssen wir das »Geheimnis der inneren Bilder« kennen, und wir erkennen das Leben als Abbild der inneren Bilder. *Nur 5 Prozent unserer Lebensumstände erschaffen wir bewusst durch unser Denken. Die restlichen 95 Prozent entstehen durch unsere inneren Bilder.*

Hier wird aus dem Mentaltraining schöpferische Imagination. Wir müssen nicht nur unsere Gedanken für die Manifestation in Bilder umwandeln, sondern auch die Bilder, die wir bereits in uns haben, kritisch betrachten und kreativ neu gestalten.

Denn immer, wenn unser Unterbewusstsein für eine Handlung keine gedankliche Direktive hat, handelt es nach diesen inneren Bildern, also entsprechend unserem bisherigen Verhalten und damit unserer Gewohnheit. Nach dem Gesetz »Wie innen, so außen« gestalten die inneren Bilder die äußere Wirklichkeit, das, was wir »Realität« nennen. Im Außen spiegelt das Leben wider, was in mir ist.

IMAGINATION OHNE HANDELN BLEIBT
FRUCHTLOS, HANDELN OHNE IMAGINATION
ZIELLOS, ABER DIE KOMBINATION VON
BEIDEM, IMAGINATION UND INSPIRIERTEM
HANDELN, IST UNSCHLAGBAR.

Wenn jemand eine ausgeprägte Persönlichkeit ist, dann hat er auch eine *gute »Bildung«*. Sicher hatte er schon eine gute Vor-Bildung und danach eine gute Aus-Bildung. Diese Bildung hat nicht nur seine Persönlichkeit gebildet, sondern befähigt ihn auch, die Umstände zu bilden, zu gestalten, zu bestimmen.

Das individuelle Schicksal entsteht also im Wesentlichen durch das mentale Bild, dessen Schöpfer wir sind, und zwar unabhängig davon, ob es sich um ein positives oder um ein negatives Bild handelt. Die Lebensumstände machen meine inneren Bilder als äußere Ereignisse sichtbar und entsprechen damit meinem So-Sein.

Nach dem Gesetz der Resonanz nimmt jeder nur an dem Part des Schicksals teil, der seiner inneren Bildung entspricht. Das betrifft das eigene ebenso wie den Anteil am Gemeinschaftsschicksal. Dabei bestimmt man nicht nur sein eigenes Los mit seiner Bildung, sondern man bestimmt auch das Gemeinschaftsschicksal mit.

Welches Bild ich also von mir habe, mein Selbstbild, gestaltet mein Leben. Oft ist aber dieses Bild entscheidend von anderen geprägt und entspricht mir gar nicht. Dann kann jedoch auch mein Leben mir nicht entsprechen. Ich brauche mich also gar nicht zu wundern, wenn ich mit dieser Lebenshaltung nicht erfolgreich werden kann.

Leider leben viele Menschen ständig auf einer »geistigen Abmagerungsdiät« mit flachen Unterhaltungsmagazinen, anspruchslosen Fernsehsendungen, schockierenden Filmen und banaler Lektüre. Diese »geistige Abfallnahrung« führt zwangsläufig zu einer mentalen Unterernährung und zu schlechter Gesundheit. Machen Sie sich Gedanken darüber, welche BILDER Sie damit aufnehmen, wie diese Bilder Sie prägen.

> *Das Leben ist ein Spiel.*
> *Die Maßstäbe zeigen mir,*
> *wie erfolgreich ich es spiele.*

Imagination schafft
neue innere Bilder

Angenommen, ich bin in der Lage, ständig mit der Imagination zu arbeiten, und angenommen, ich kann das Gefühl, dass sich mein Wunsch bereits erfüllt hat, aufrechterhalten, *dann wird meine Annahme sich zur Tatsache manifestieren.*

Durch Erfahrung bin ich zu der Überzeugung gelangt, dass eine Annahme, auch wenn sie falsch ist, sich zur Tatsache erhärten wird, wenn man auf ihr beharrt, dass ständig aufrechterhaltene Imagination auf alle Dinge anwendbar ist und dass alle meine noch so vernünftigen Pläne und Handlungen meinen Mangel an ständig aufrechterhaltener Imagination nicht wettmachen.

Wahrheit hängt von der Intensität der Imagination ab, nicht von äußeren Tatsachen. Tatsachen sind die Früchte, die Zeugnis ablegen für Gebrauch oder Missbrauch der Imagination. Der Mensch wird das, was er sich vorstellt. Er hat eine von ihm selbst bestimmte Geschichte. Die Imagination ist der Weg, die Wahrheit, die Offenbarung des Lebens. Wir können die Wahrheit nicht mit dem logischen Verstand begreifen.

Der imaginative Mensch leugnet nicht die Realität der wahrnehmbaren äußeren Welt des Werdens und Vergehens, aber er weiß, dass die innere Welt, die inneren Bilder, die fortwährend mit Imagination arbeiten, die Kraft sind, durch welche die äußere Sinnenwelt des Werdens und Vergehens zu Stande kommt.

NUR DURCH IMAGINATION
KÖNNEN WIR VERÄNDERUNG
IN UNSEREM LEBEN BEWIRKEN!

Die wesentlichste Täuschung, der der Mensch unterliegt, ist seine Überzeugung, dass es andere Ursachen gibt als seinen eigenen Bewusstseinszustand.

FORMLOSE ENERGIE BILDET FORM
DURCH DAS BILD DER IMAGINATION.

Wir sollten die ganze Erfolgsphilosophie im Lichte der schöpferischen Manifestation noch einmal überdenken.

Mit Erfolg manifestieren

Seit jeher haben die *erfolgreichen Menschen* dieser Welt eine besondere Faszination an sich. Versucht man, dem Geheimnis des Erfolges auf die Spur zu kommen, wird man bald die Entdeckung machen, dass die Erfolgreichen keineswegs weniger Misserfolge hatten als die weniger Erfolgreichen. Eher war das Gegenteil der Fall, aber der wichtigste Unterschied bestand darin, dass sie nicht aufgaben. Der Erfolglose scheitert beim ersten Misserfolg. *Die Erfolgreichen aber betrachteten offensichtlich einen Misserfolg nur als ein Zwischenergebnis auf dem Weg zum eigentlichen Erfolg.* Ja, der Misserfolg schien sie eher noch zu beflügeln, ihre Anstrengungen weiter zu erhöhen.

Oft stellt sich der Erfolg erst nach einer ganzen Serie von Misserfolgen ein, aber anstatt sich entmutigen zu lassen, lernten sie aus dem Misserfolg, es beim nächsten Mal besser zu machen. Und eine einmal angefangene Sache war eben erst abgeschlossen, wenn sie erfolgreich beendet werden konnte.

Es ist ein wunderbares Gefühl, nicht nur im Großen und Ganzen, sondern *in jedem einzelnen Fall* erfolgreich zu sein. Der Weg zum Erfolg ist oft mit

Misserfolgen gepflastert, aber in Wirklichkeit ist jeder so genannte Misserfolg nur eine Botschaft des Lebens, dass es *so* noch nicht geht, eine Aufforderung, die Lektion zu lernen und es beim nächsten Mal besser zu machen. So wird der scheinbare Misserfolg zum wichtigsten Lehrer auf dem Weg zum Erfolg. Lernen auch Sie diese Lektion, und der Erfolg ist Ihnen absolut sicher!

Nun gibt es Menschen, die lernen eine Lektion gleich beim ersten Mal, und andere, die brauchen eine mehrfache Wiederholung, bevor sie es verstanden haben. Es gibt sogar einige, die scheinen auch aus schmerzhaften Erfahrungen nichts zu lernen und wiederholen ständig die gleichen, unangenehmen Lektionen.

Wenn Sie erfolgreich sein wollen, müssen Sie zunächst einmal klären, *was das für Sie eigentlich ist – Erfolg.* Hier hilft Ihnen die Weisheit der Sprache weiter:

»ERFOLG« KOMMT VON »ERFOLGEN«.

Das heißt, wenn jemand etwas tut, *dann erfolgt etwas.* Immer, wenn jemand etwas tut, erfolgt etwas. Das heißt:

JEDER HAT IMMER ERFOLG.

Denn ganz gleich, was Sie tun, irgendetwas *erfolgt.* Und die Wirkung wird immer in Qualität und Quantität der Ursache entsprechen.

Lassen Sie uns das an einem Beispiel demonstrieren: Nehmen wir einmal an, Sie machen mit einem Freund einen kleinen Wettbewerb, wer einen Stein am weitesten werfen kann. Jeder sucht sich einen etwa gleich großen Stein, dann nehmen Sie Anlauf und werfen Ihren Stein. Nun gibt es drei Möglichkeiten:

1. Sie werfen den Stein am weitesten, dann haben Sie Ihr Ziel erreicht.
2. Ihr Freund wirft den Stein weiter als Sie, dann haben Sie Ihr Ziel, zu gewinnen, nicht erreicht.
3. Der Stein landet in der Fensterscheibe eines Nachbarn. Dann haben Sie eine unbeabsichtigte Wirkung erzielt und tragen natürlich die Konsequenzen: Sie müssen die Scheibe bezahlen, auch wenn Sie immer wieder beteuern, dass die Zerstörung der Scheibe gar nicht in Ihrer Absicht lag.

Übersetzen wir diese kleine Situation in den Alltag des Erfolgs:

- Die Größe des Steins entspricht dem *Umfang dessen, was Sie in Tätigkeit setzen*.
- Die Wucht, mit der Sie den Stein werfen, entspricht Ihrer *Motivation*.
- Das Ergebnis entspricht Ihrer *Fähigkeit zu zielgerechtem Handeln*.

Wenn Sie einen kleinen Stein mit geringer Kraft gegen eine Scheibe werfen, erzeugen Sie bestenfalls ein Geräusch als Wirkung, und das kann ja auch durchaus in Ihrer Absicht liegen. Wenn Sie einen kleinen Stein aber mit großer Wucht gegen die Scheibe werfen, wird sie kaputtgehen, egal, ob das in Ihrer Absicht liegt oder nicht.

Werfen Sie einen großen Stein, ist keine große Kraft mehr nötig, um zum gleichen Ergebnis zu kommen.

Aus diesem einfachen und anschaulichen Beispiel können Sie erkennen, dass Sie in *jedem Fall Erfolg hatten*. Sie hatten die Absicht, einen Stein zu werfen, und das ist dann auch erfolgreich geschehen. *Wir nennen es aber nur Erfolg, wenn das Ergebnis mit unserer Absicht übereinstimmt.* Stimmt das Ergebnis nicht mit unserer Absicht überein, nennen wir das einen Misserfolg.

Erfolg ist also nichts anderes als die Wirkung, die auf eine Handlung erfolgt. *Je mehr Handlungen Sie ausführen, desto mehr erfolgt, desto erfolgreicher sind Sie.* Aber erst, wenn die meisten Ihrer Handlungen zum *erwünschten* Ergebnis führen, werden Sie sich wirklich erfolgreich nennen können.

Sollte es beim ersten Mal nicht gelingen, bleibt Ihnen immer noch die Möglichkeit der Wiederholung, denn Beharrlichkeit führt stets zum Ziel. Nicht umsonst heißt es:

DEM MENSCHEN WÄRE
NICHTS UNMÖGLICH,
HÄTTE ER DIE BEHARRLICHKEIT.

Hinter jeder sichtbaren Wirkung steckt immer eine entsprechende, meist verborgene Ursache. Wenn sich jemand beim Geschirrspülen so ungeschickt anstellt, dass immer wieder ein Teil zerbricht, dann zeigt das, dass er sich bewusst oder unbewusst dagegen wehrt, Geschirr zu spülen. Wenn jemand etwas »vergisst«, dann steht auch da eine bewusste oder unbewusste Absicht dahinter, und so wird alles zur Botschaft.

Wir sind von Natur aus erfolgreich, und wenn das Ergebnis unserer Handlungen mit unseren Absichten übereinstimmt, dann übernehmen wir auch gern dafür die Verantwortung und sagen: »Ich habe diese Firma aufgebaut, mir dieses Haus erarbeitet« usw. Entspricht das Ergebnis jedoch nicht unserer Absicht, dann sind vermeintlich die anderen schuld: die Unzuverlässigkeit der Menschen, das Versagen der Politiker, die falsche Erziehung der Eltern, die Unfähigkeit der Lehrer, der Chef, der mich nicht meinen Fähigkeiten entsprechend einsetzte, die wirtschaftliche Lage oder das Wetter – nur eben nicht ich!

ABER ES GIBT ZUM GLÜCK
KEINE »ZU-FÄLLE«!

Es gibt nur Ursache und Wirkung, und *es er-folgt das, was Sie verursachen*, nicht das, was Sie haben wollen oder dringend brauchen. *Erfolg ist nicht nur selbstverständlich, er ist einfach unvermeidbar und nichts Besonderes.* Worauf es ankommt, ist, durch zielgerechtes Verhalten die richtigen Ursachen zu setzen, damit die erwünschten Wirkungen hervorgerufen werden. Denn Sie tragen die Folgen, egal, ob sie angenehm oder unangenehm sind. Daher sollten Sie die Ursachen auch bewusst setzen.

ERFOLG IST TATSÄCHLICH ERLERNBAR.

Es kann sein, dass Sie sich auch einmal anstrengen müssen, aber der Weg zu Erfolg und Reichtum ist *nie ein Weg harter Arbeit*. Vielmehr ist es ein Weg, zunächst einmal die Erfolgshindernisse zu erkennen und aufzulösen, Ballast abzuwerfen, dann seine Fähigkeiten zu erkennen und diese optimal einzusetzen und so die Chancen zu nutzen, die das Leben ständig bietet.

Ob Sie gesund und erfolgreich sind oder arm und krank, es kostet Sie die gleiche Energie, nur ist das eine wesentlich angenehmer. Wenn Sie im Mangel leben, zeigt das, dass Sie etwas falsch machen, es bietet Ihnen aber auch in jedem Augenblick die Chance, es zu ändern. Die *erforderliche Änderung* ist IMMER eine Änderung IHRES Bewusstseins, IHRER inneren Überzeugungen, Bilder und Verhaltensmuster. Denn DORT entstehen die Ursachen für das, was wir »Schicksal« nennen.

Erfolg hat wenig mit Intelligenz und Fleiß zu tun, obwohl beides zeitweise ganz hilfreich sein kann. Aber es gibt genügend intelligente und fleißige Menschen, die es nie im Leben zu etwas bringen werden, da sie ihr Bewusstsein nicht gezielt einsetzen. Jeder Mensch hat seine Chance, erfolgreich zu werden und zu sein!

Das heißt letztlich, *in weniger Zeit mehr und Besseres zu leisten.* Mithilfe der Intuition die richtigen Entscheidungen zu treffen und diese mit zielgerechtem Handeln ohne Umwege zu verwirklichen.

Noch etwas sollten Sie beachten: Ein wirklich erfolgreiches Leben zu leben heißt, Erfolg *und* Erfüllung zu finden. Das können Sie nur erreichen, indem Sie die in Ihnen liegende Lebensabsicht erkennen und erfüllen – indem Sie sich selbst erfüllen.

Natürlich genügt es auch nicht, das zu wissen oder davon zu träumen. Wenn Sie davon träumen können, dann können Sie es auch verwirklichen. Erst das führt zu Erfolg und Erfüllung. Das wäre doch ein Ziel, für das es sich lohnt zu leben.

Sie müssen sich für das »resonanzfähig« machen, was Sie in Ihrem Leben anziehen und manifestieren wollen. Sie müssen das Gesetz von Ursache und Wirkung kennen und die Quelle Ihrer Kraft – das ICH BIN!

Dieses Buch ist eine einzige Aufforderung, erfolgreich und damit wohlhabend und glücklich zu sein. Sie sind tatsächlich *verpflichtet*, wohlhabend und glücklich zu werden, denn *Sie sind hier, um die geis-*

tigen Gesetze zu erkennen und zu befolgen. Die automatische Wirkung davon ist Wohlstand und Glück.

Sobald Sie sich auf SICH SELBST besinnen und Ihre unbegrenzten Möglichkeiten nutzen, fällt Ihnen der *Erfolg als logische Folge* in den Schoß. Die Kenntnis und das Befolgen der geistigen Gesetze macht Sie geradezu magnetisch für Erfolg, Gesundheit und Wohlstand!

POSITIVER ERFOLG IST DAS, WAS ERFOLGT,
WENN SIE RICHTIG DENKEN UND AUCH
DANACH HANDELN!

Erfolg ist kein Geschenk, sondern muss geschaffen werden. Auch der günstigste »Zufall« fällt immer nur dem zu, der das Gesetz von Ursache und Wirkung befolgt hat.

Vielleicht sollten Sie sich auch einmal fragen, warum Sie mehr Erfolg haben möchten. Haben Sie wirklich Freude am Erfolg, oder wollen Sie nur anderen damit imponieren? Können Sie sich an Ihrem Erfolg erfreuen, ohne mit anderen darüber zu sprechen, oder suchen Sie eigentlich Achtung, Aufmerksamkeit und Anerkennung? Wenn Sie das bei anderen suchen, könnte es sein, dass Sie sich selbst nicht genug Aufmerksamkeit und Achtung schenken!

Die Bereiche, in denen wir vor allem Erfolg haben möchten, sind eine *gute Gesundheit, wirtschaftliche Unabhängigkeit und eine erfüllende Partnerschaft.*

Doch sobald wir das erreicht haben, werden wir anspruchsvoller. Wir suchen berufliche Anerkennung, Ruhm oder Macht, wir sammeln seltene oder kostspielige Dinge, gehen ungewöhnlichen Hobbys nach. Aber alles das kann unser Interesse nicht lange befriedigen, denn der Mensch neigt dazu, das Interesse an den Dingen schnell wieder zu verlieren, die er gerade mit großer Mühe erworben oder errungen hat. Tief in uns selbst wissen wir, dass wir eigentlich auf der Suche nach etwas ganz anderem sind, auf der *Suche nach einem inneren Schatz*, nach uns selbst!

> *Der Erfolgreiche fängt gerade da an,*
> *wo der Erfolglose aufhört!*
> *Denn Misserfolge sind immer nur*
> *Zwischenergebnisse.*

Alles ist genial einfach!

Jede »normale« Wunschvorstellung (»Ich wünsch-te, ich hätte jetzt...«, »Es wäre schön, wenn...«) trennt Sie zuverlässig von der Erfüllung, denn damit gehen Sie *in die Vorstellung des Mangels, dass Ihnen etwas fehlt.* Sie sind in Ihrem Bewusstsein nicht in der Fülle, sondern im Mangel. So lange sind Erfolg und Erfüllung nicht möglich.

Erst müssen wir den Wunsch und die Erfüllung in vollkommenen Einklang bringen. Sie erleben sich in der erwünschten Zukunft und bringen sie so in Be-sitz. Die bewusste schöpferische Imagination ver-bindet Sie mit der Erfüllung durch Erleben vom Ziel aus: *»Bittet, um was ihr wollt, glaubt nur, dass ihr es erhalten habt, und es wird euch werden.«* So steht es schon in der Bibel (Markus 11, 24), und es ist heute immer noch das Geheimnis der Erfolgreichen.

Ein wichtiger Schritt zum Erfolg ist, dass Sie sich WERT fühlen und daran GLAUBEN. *Das Leben kann Ihnen nichts geben, das Sie sich selbst versagen.* Alles, was Sie denken und glauben können, das können Sie auch erreichen. Erst wenn Sie sich vorstellen können, dass eine Veränderung möglich ist, wird eine Veränderung eintreten.

Überfluss ist ein natürliches Gesetz des Universums. Wohin Sie auch schauen, die Natur ist geradezu verschwenderisch großzügig. Und doch ist es ebenso offensichtlich, dass es vielen nicht gelingt, an dieser Fülle teilzuhaben, weil sie nicht wissen, dass sie selbst die Ursache für Erfolg oder Misserfolg sind.

Der einzige Mensch, der Sie erfolgreich und glücklich machen kann, sind Sie selbst. Die Fülle wartet darauf, für Sie in Erscheinung zu treten, Sie brauchen nur zu säen, was immer Sie haben wollen. Viele sagen: »Mal sehen, was das Leben mir so bringt.« Aber wer ist »das Leben«? Eine solche Einstellung ist wie Auto fahren, ohne zu lenken und zu sagen: »Mal sehen, wohin das Auto fährt.« Mit großer Wahrscheinlichkeit in den Straßengraben. Und da landet, bildlich gesprochen, auch das Leben vieler Menschen.

Die meisten Menschen leben gar nicht wirklich, sie »werden« gelebt von ihren Vorstellungen, Illusionen und Projektionen. Sie sehen die Welt nicht so, wie sie ist, sondern so, wie sie ihnen erscheint. Sie haben die Augen offen, aber sie sehen nicht. Nur wenige erkennen die Wirklichkeit hinter dem Schein. Manche sind in der Lage, sie zu erkennen, wenn man sie ihnen zeigt.

Die meisten sind weder zu dem einen noch zu dem anderen bereit und erleben das Leben wie einen Film, den man sich anschauen, aber nicht beeinflussen kann. Sie bilden sich eine Meinung und reagieren auf das, was sie erleben.

Die Erwachten erkennen das Leben als ein Spiel, das sie einlädt mitzuspielen, die Lebensumstände bewusst zu gestalten, um aus ihrem Leben ein Kunstwerk zu machen. Die meisten beenden ihr Leben, ohne je wirklich gelebt zu haben. *Sie bereiten sich bestenfalls vor, demnächst zu leben!* Es ist so, als ob der Bauer ständig seinen Acker umpflügen würde, um ihn optimal für die Aussaat vorzubereiten. Doch vor lauter Pflügen kommt er nicht dazu, zu säen, und erst recht nicht, zu ernten.

Es gibt Menschen, die erst dann von etwas überzeugt sind, wenn sie es nicht mehr verstehen. Und es gibt Menschen, die dann von etwas nicht mehr überzeugt sind, wenn sie es verstehen. Das klingt seltsam, aber es ist so. Hört man doch immer wieder den Ausruf: *»Nein, so einfach kann es nicht sein!«* *Auch hier wieder die Weigerung, sich selber Macht zuzugestehen.* Denn darum geht es ja; wenn etwas einfach ist, dann können wir es auch anwenden.

Oder ist es vielleicht die Angst davor, tatsächlich etwas im eigenen Leben verändern zu müssen, wenn es doch so einfach ist? Wäre es nämlich kompliziert, dann hätte man immer eine Ausrede. Es ist schwierig, es braucht Zeit, die andern können es auch nicht. Aber wenn es einfach ist, gibt es keine Ausrede mehr außer jener: »So einfach kann es nicht sein.«

Sie werden auf dem Weg Fähigkeiten und Kräfte entdecken, von denen Sie bisher gar nicht wussten, dass es sie gibt, und das Leben wird Ihnen Möglichkeiten bieten, von denen Sie bisher nicht einmal zu träumen wagten. Doch das alles ist Ihr geistiges Erbe und wartet seit ewigen Zeiten in Ihnen darauf, dass Sie erwachen und sich selbst in Besitz nehmen. Sie müssen nur Ihr EGO loslassen, damit Ihr Selbst hervorscheinen kann, zum Beispiel JETZT!

Wir bringen täglich unser Haar in Ordnung, obwohl es uns doch nur durch dieses Leben begleitet – und oft nicht einmal das. Warum bringen wir nicht auch täglich unser Bewusstsein in Ordnung, wo es doch unser ganzes Leben bestimmt und das Schicksal des nächsten beeinflusst? Bringen Sie Ihr Bewusstsein in Ordnung, und Sie haben damit Ihr Leben in Ordnung gebracht!

ALLE DINGE GESCHEHEN ZUERST
IM BEWUSSTSEIN, BEVOR SIE
IM AUSSEN GESCHEHEN KÖNNEN!

Das Märchen vom Wunschmännlein

Es war einmal ein Bauer, der war sehr arm, obwohl er von morgens bis abends fleißig arbeitete. Ja, manchmal arbeitete er sogar noch in der Dunkelheit, um sein Tagewerk zu vollenden.

Als er eines Tages wieder auf dem Feld arbeitete und so richtig schwitzte, denn die Sonne brannte heiß vom Himmel, da dachte er so vor sich hin: »Das Leben sollte nicht eine solche Plage sein.«

Da stand plötzlich ein kleines Männlein vor ihm

und sprach: »Du hast Recht, das Leben ist den Menschen zur Freude geschenkt worden. Und weil du einen Wunsch in deinem Herzen bewegt hast, will ich dir einen Weg zeigen, wie du dir von nun an alle Wünsche erfüllen kannst.

Wenn du wieder einmal von Herzen einen Wunsch hast, schreibe ihn auf ein Stück Holz, mache damit ein Feuer, und während du um das Feuer tanzt und an deinen Wunsch denkst, singe die Worte: ›Schön, dass ich es hab – schön, dass ich es hab‹.

Es wird nicht lange dauern, und schneller, als du denkst, ist dein Wunsch erfüllt.« Das Männlein sprach's und war verschwunden.

Der Bauer konnte nicht so recht glauben, was er da erlebt hatte. Aber als ein paar Tage später der Steuereintreiber kommen sollte, um die harte Steuer zu kassieren, und sein Beutel fast leer war, *da probierte er es einfach aus.*

Er schrieb auf den Stock: »Ein Beutel voll Geld«, machte damit ein Feuer, tanzte herum und sang: »Schön, dass ich es hab, schön, dass ich es hab.«

Und siehe, als der Steuereintreiber kam, war sein Beutel voll, sodass noch reichlich übrig blieb, nachdem er die Steuern bezahlt hatte.

So kaufte er sich einen größeren Bauernhof, stellte Knechte und Mägde ein, und immer wenn der Beutel leer wurde, füllte er ihn wieder so, wie das Männlein es gesagt hatte, und lebte reich und glücklich bis an sein Ende.

Und da SIE *nun auch das Geheimnis des Wunschmänn-*
leins kennen, können auch Sie sich jeden Wunsch er-
füllen und auch anderen helfen, sich ihre Wünsche zu
erfüllen, bis alle glücklich und zufrieden sind.

Gehen wir mit diesem Bewusstsein zum nächsten Teil des Buches, der praktischen Anwendung
der schöpferischen Imagination!

Alle Dinge sind würdig,
mir zu dienen, aber keines ist wert genug,
mein Herr zu sein.

Die Praxis der
schöpferischen Imagination

Stärken Sie Ihr Erfolgsbewusstsein!

Prüfen Sie in dem praktischen Teil JETZT einmal in allen Bereichen Ihres Lebens, wo Dinge nicht so gelaufen sind, wie Sie es gern gehabt hätten: im Beruf, in der Partnerschaft, mit der Gesundheit, bei der persönlichen Entfaltung usw. Schauen Sie einmal zurück und halten Sie fest, *wo eine wichtige Handlung nicht das erwünschte Ergebnis gebracht hat*. Prüfen Sie danach aber auch die kleinen »Pannen«, die scheinbar unbedeutenden Ereignisse, und schreiben Sie alles auf, was Ihnen dazu einfällt. Es wäre gut, wenn Sie *mindestens 50 Punkte* finden könnten. Das sollte auch in einem erfolgreichen Leben keine Schwierigkeiten bereiten.

Nun ordnen Sie die einzelnen Punkte den verschiedenen Bereichen Ihres Lebens zu:

1. Partnerschaft, Familie, Freunde, Freizeit;
2. Beruf, Karriere;
3. Gesundheit, Leistungsfähigkeit, Wohlgefühl;
4. wirtschaftliche Situation, Besitz, Vermögen;
5. Ausbildung, persönliche Entwicklung, Erkenntnis, gelebte Weisheit.

Sie werden dabei sehr schnell *Schwerpunkte* erkennen, Bereiche, in denen Ihnen scheinbar alles, vielleicht sogar mühelos, gelingt, und andere Bereiche, in denen Sie sich schwerer tun, wo trotz aller Bemühungen öfter etwas einfach nicht gelingen will. Es wird nämlich selten erkannt, dass auch ein erfolgreicher Mensch durchaus auf einem anderen Gebiet ein Versager sein kann. Das bedeutet, dass er sich dort etwas »versagt«.

Nun brauchen Sie nur noch das »Warum« dahinter zu finden, denn alles hat seinen tieferen Grund. Fragen Sie einfach bei jedem einzelnen Punkt so lange: »Warum?«, bis Sie die Ursache erkannt haben. *Sollte diese Ursache scheinbar außerhalb von Ihnen liegen, sind Sie noch nicht bei der letzten Ursache angelangt.* Also fragen Sie weiter, denn die wahre Ursache liegt immer bei Ihnen selbst. Sobald Sie sie gefunden haben, werden Sie erkennen, dass es *keinen Grund gibt, sich im Leben irgendetwas zu versagen*, keinen Grund, der nicht aufzulösen wäre, um so letztlich in allen Bereichen des Lebens wirklich erfolgreich zu sein, das heißt, mit zielgerechtem Handeln erwünschte Ergebnisse zu erreichen.

In unserem Alltag gibt es unzählige Dinge, die Sand in unser Erfolgsgetriebe streuen oder Erfolgschancen sogar gänzlich zunichte machen können. Oft sind es nur Kleinigkeiten, denen wir wenig Beachtung schenken, die aber im Verband mit vielen anderen kleinen Dingen fatale Ausmaße erreichen können.

Sie können sich täglich immer wieder folgende und ähnliche Fragen stellen:

- Stärkt mich dieses Nahrungsmittel?
- Ist dieses Medikament hilfreich für mich?
- Brauche ich dieses Medikament noch?
- Ist dieses Kleidungsstück stärkend?
- Ist diese Musik gut für mich?
- Wie wirkt eine bestimmte Situation?
- Wie reagiere ich auf dieses Bild?
- Wie wirkt dieser Schmuck, diese Uhr, Brille, Tapete, Farbe?
- Liegt mir dieses Auto?
- Was sagt mein Körper zu dieser Person?
- Wie wirkt diese Nachricht, Information auf mich?
- Wie wirkt dieses Parfüm, Duschmittel, Spray, Reinigungsmittel, Rasierwasser?
- Wie reagiere ich auf meinen Namen?
- Bekommt mir die Sonne?
- Soll ich dieses Jahr wieder nach Mallorca?
- Bekommt mir das Bier, der Wein, Schnaps, Cognac?
- Hat mich dieses Bad gestärkt?
- Wie gut ist meine Schlafstelle, Schlafdecke?
- Stärkt oder schwächt mich mein Hund, meine Katze, mein Vogel?
- Ist diese Tätigkeit, dieser Beruf gut für mich?

Auch *die Stimme* eines jeden Menschen hat einen sofortigen Einfluss auf uns. Prüfen Sie daraufhin einmal die Stimmen von Politikern, Nachrichtensprechern, Schauspielern und Freunden. *Was* Sie sagen, ist ebenfalls wichtig. Sagen Sie doch einmal zu jemandem, dass Sie ihn hassen oder dass er hässlich sei, sich unmöglich benehme usw. Obwohl der andere weiß, dass es nur ein Experiment ist, wird er sich augenblicklich schwach fühlen. Aufbauende Worte dagegen werden ihn sofort wieder stärken.

Ein Grund, warum einige Menschen miteinander Probleme haben, ist, dass sie sich gegenseitig nicht leiden mögen. Sie fühlen sich unsicher und müssen sich gegenseitig Beweise erbringen, dass sie halt überlegen sind. Das ist ein großer Trugschluss. *Kein Mensch ist dem anderen überlegen, denn in der Schöpfung gibt es nur Aufgaben, die wir zu lösen haben.* Es gibt vermutlich, je nach gesetzten Ursachen, leichtere und schwierige Aufgaben, auf keinen Fall aber bessere oder geringere.

Wir können uns leicht ins eigene Fleisch schneiden, wenn wir uns dazu hinreißen lassen, einen Menschen als »minderwertigen Bettler«, »drogensüchtigen Gammler« oder »ausländisches Gesindel« zu qualifizieren. Wer weiß denn schon etwas über deren Aufgabe? Vielleicht handelt es sich um ganz hoch entwickelte Seelen, die noch diese eine Erfahrung in diesem Körper und in diesem sozialen Umfeld machen müssen. Vielleicht sind sie auch genau da, damit ich die Chance habe, durch sie einen großen Entwicklungssprung zu machen.

Wenn wir unsere Mitmenschen übervorteilen oder missbrauchen, schaffen wir uns selber eine

Situation, in welcher wir irregeführt und miss-braucht werden. *Deshalb sollten wir immer darüber nachdenken, wie wir anderen dienen können.* Nach dem Gesetz der Resonanz empfangen wir immer nur das, was wir aussenden.

Also, was ich einem Mitmenschen antue, Gutes oder Schlechtes, wird bald auch mir angetan. In unserem eigenen Interesse lohnt es sich wirklich, nur Gutes zu tun, so wird auch uns nur Gutes getan. Sollten wir einmal auf einen gegenteiligen Anschein stoßen, dann haben wir eben noch nicht den tieferen Einblick und glauben nur, dass die-ser Mensch noch für seine Schlechtigkeit belohnt wurde. In Wirklichkeit unterliegen wir alle den »geistigen Gesetzen«, und da gibt es keine Aus-nahme – niemals.

Die Fähigkeit, Umstände zu sehen, die noch nicht in Erscheinung getreten sind, stellt den Menschen über alle anderen Lebewesen. Wir haben die wunderbare Fähigkeit, das noch Unbekannte zu sehen und es in unsere mentale Erlebniswelt zu projizieren.

Der Mensch ist nur durch seine Weigerung be-grenzt, sich Zustände und Bedingungen vorzustel-len, die im Moment noch anders erscheinen, als er mit seinem normalen Denken erfassen kann.

> *Wer dem Erfolg hinterherläuft,*
> *vor dem ist er schon auf der Flucht.*

So setzen Sie
schöpferische Ideen frei

Kreativität beginnt damit, dass Sie *lernen, bewusst zu träumen*. In der Nacht träumt jeder, und diese Träume sind eine wichtige Voraussetzung für Ihr geistiges Wohlbefinden. Aber mit *bewussten Tagträumen* erschaffen Sie Ihre Zukunft. Tagträume konzentrieren unser kreatives Potenzial auf ein bestimmtes Ziel, einen »erwünschten Endzustand«.

ERFOLGREICH TRÄUMEN FÜHRT
ZU TRAUMHAFTEN ERFOLGEN!

Wenn Sie es nicht beim Träumen lassen, sondern mithilfe der schöpferischen Imagination Ihren Traum verwirklichen. Aber zuerst brauchen Sie *Ihren Traum, Ihre persönliche Vision*. Es ist wie ein Zauberstab, der jeden Wunsch Wirklichkeit werden lassen kann. Schaffen Sie Ihre Zukunft in Ihrem Bewusstsein. Die wesentlichste Täuschung, der der Mensch unterliegt, ist der Glaube, dass es andere Ursachen gibt als seinen Bewusstseinszustand.

Alles, was Sie sich jemals wünschen können, ist

bereits erschaffen, sonst könnten Sie es gar nicht denken. Sie brauchen es nur »in Erscheinung treten zu lassen.«

Wir leben gleichzeitig in zwei Welten. Der inneren Welt unserer Gedanken, Gefühle und Vorstellungen und der äußeren Welt der Menschen, Dinge und Ereignisse. Nur sollte das Innen das Außen bestimmen. Stattdessen reagieren wir innen auf das Außen. Wir leben wie Opfer der Umstände, anstatt sie nach unseren Wünschen zu erschaffen, zu gestalten und zu verändern. Das heißt nicht, dass wir bekommen, was wir haben wollen, sondern nur das, was wir *verursachen*! Erinnern wir uns noch einmal:

BITTET, UM WAS IHR WOLLT, GLAUBT NUR,
DASS IHR ES ERHALTEN HABT,
UND ES WIRD EUCH WERDEN (MARKUS 11, 24).

Das ist kein Wunschdenken, das ist ein geistiges Gesetz. Sie müssen es jedoch auch glauben können. Noch nie ist jemand mit seinem Mangelbewusstsein zu Wohlstand gelangt. *Wie gesagt: Überall ist Fülle, und doch ist es offensichtlich, dass es den meisten nicht gelingt, daran teilzuhaben.* Die Ursache ist ihr Mangelbewusstsein. Kein noch so starker Wunsch kann sich verwirklichen, wenn Sie im Mangelbewusstsein leben.

WENN DU ES GLAUBST,
DASS ES IST, WIRD ES SO!

Den Strom der schöpferischen Ideen zu öffnen gelingt am besten, wenn wir entspannt und frei von
allen Anstrengungen sind. Gedankliche Anspan-
nungen und Gefühlserregungen stören den *natürlichen Strom der schöpferischen Imaginationen.*

Es ist nichts dagegen einzuwenden, wenn wir
während einer Autofahrt, beim Gang zur Arbeit
oder während der Arbeit an unsere neuen Ziele
denken. Da wir aber wissen, dass es auf die Ener-
gieladung ankommt, wird es uns auch klar, dass
wir unter solchen Umständen wenig Energie zu-
sammenbringen werden. Es wird also unumgäng-
lich sein, uns Zeiten auszusuchen, in denen wir
uns hundertprozentig der schöpferischen Imagination widmen können.

Am besten eignet sich wohl ein ruhiger, etwas
abgedunkelter Raum. Der Körper sollte ganz entspannt sein. Quälen Sie ihn nicht in einen Lotus-
sitz, wenn Sie ihn nicht vollständig und ohne An-
spannung oder Schmerz beherrschen. Ein Bett
kann auch zu entspannend sein, denn die Gefahr
des Einschlafens ist groß. Eine bequeme Sitzgele-
genheit ist in den meisten Fällen wohl die geeig-
netste Lösung.

Um uns von Umweltgeräuschen abzuschirmen,
kann eine geeignete Entspannungsmusik im Hintergrund gute Dienste leisten. Es müssen aber nicht
unbedingt spezielle Entspannungsmusiken sein,
wie sie im Handel angeboten werden. Jede gute
Musik, bei der man sich richtig entspannen kann,
leistet ihren Dienst.

Fassen wir noch einmal zusammen, wie Wünsche und Träume wahr werden:

1. Werden Sie sich über Ihre Wünsche klar.
2. Wünschen Sie sich nur etwas, was Sie auch *wirklich wollen und zu Ihnen passt* – also was aus Ihnen selbst kommt und was Sie auch glauben können.
3. Träumen Sie diesen Wunsch mehrmals täglich ganz *lebendig wie in einem Film, Ihrem persönlichen Spielfilm*.
4. Lassen Sie Ihr Unterbewusstsein wirken, indem es diese Bilder aufnimmt und umzusetzen trachtet. Wenn Sie Ihrem Unterbewusstsein den richtigen Film präsentieren, dann ist es Ihr bester Assistent, den Film Wirklichkeit werden zu lassen.
5. Stellen Sie sich den Anforderungen, die Ihr Wunsch voraussetzt. Sie können alles leicht erreichen, aber Sie bekommen nichts geschenkt!
6. Streichen Sie negative Gedanken aus Ihrem Leben. Dazu gehört jedes »Wenn« und »Aber«, jeder Zweifel, jedes Sich-wertlos-Fühlen. Diese Gedanken sabotieren Ihren Wunsch.
7. Beachten Sie den Unterschied zwischen »Weg-Wünschen« und »Herbei-Wünschen«, kurz: die Kunst der schöpferischen Imagination.

Die Macht positiver Gedanken

Alles, was ist, sind materialisierte Vorstellungen, gedachte Tat-Sachen, verwirklichte Gedanken-Bilder. Erst wenn etwas gedacht ist, kann es in Erscheinung treten. Materie ist nur eine unterschiedliche Erscheinungsform von Energie. Gedanken bewegen und gestalten Energie. Nach dem Energieerhaltungsgesetz kann Energie auch nicht verloren gehen, sie kann nur ihre Erscheinungsform wandeln.

Somit ist jeder Gedanke eine Schöpfung und muss sich verwirklichen. Die Lebensumstände sind lediglich ein Spiegelbild meines Seins. Ich kann sie nur ändern, indem *ich* mich ändere.

Auch bei der schöpferischen Imagination stehen die Gedanken an erster Stelle:

- Wir machen uns Gedanken, welche inneren Bilder uns prägen. Wir erkennen in unseren Lebensumständen die Widerspiegelung unserer inneren Bilder.
- Wir machen uns Gedanken darüber, was uns nicht gefällt, welche Lebensumstände wir uns stattdessen wünschen.

- Wir machen uns Gedanken darüber, wie wir durch die Imagination, die Kreation neuer innerer Bilder, dieses neue Leben erschaffen können.

Probleme sind Aufgaben, die das Leben mir stellt. Jedes Problem ist ein Geschenk des Lebens an mich, denn am Ende, in der Lösung, steckt immer eine Erkenntnis. Der beste Augenblick, eine Aufgabe zu lösen, ist immer dann, wenn sie sich mir stellt, und der nächste Augenblick bringt eine neue Aufgabe.

Löse ich eine Aufgabe nicht, versuche ich, dem Problem auszuweichen, zwinge ich das Schicksal nur dazu, die Lektion zu wiederholen, allerdings zu einer Zeit, die mir vielleicht nicht so gut passt, und in einer Form, die mir vielleicht gar nicht gefällt.

Positiv denken heißt daher nur, zu erkennen, dass alles, was ist, mir dienen und helfen will, auch und gerade, wenn es unangenehm oder schmerzhaft ist. *Alles ist daher gut, und das so genannte Negative gibt es gar nicht, sondern es ist das unangenehme Gute, das ich notwendig gemacht habe.*

Zum positiven Denken gehört auch *regelmäßige Psychohygiene*. Das heißt, mich morgens mental auf den Tag vorzubereiten, mich während des Tages immer wieder auszurichten auf das eine Bewusstsein und abends zu kontrollieren, ob und wie weit es mir gelungen ist, mich nach meinem eigenen Maßstab zu verhalten, und mental umzulernen, wo es mir noch nicht optimal gelungen ist.

So bereinige ich alle Gedankenenergien sofort, bevor sie als Schicksal in Erscheinung treten können.

Es ist auch gleich, woher ich komme, entscheidend ist nur, wohin ich gehe. Was immer ein Schöpfer in der Gewissheit des Glaubens denkt, muss in Erscheinung treten, und alles, was ich denken kann, kann ich auch erreichen.

Es ist eine Schwäche meines Bewusstseins, dass ich immer nur einen Gedanken gleichzeitig denken kann. Es wird eine Stärke, wenn ich den richtigen Gedanken denke und festhalte.

Positives Denken oder Wunschdenken?

Der wesentliche Unterschied zwischen Wunschdenken und positivem Denken besteht darin, dass man einmal etwas will und das andere Mal etwas glaubt! *Wunschdenken ist Wollen, das von keinem Glauben erfüllt ist. Glaube ist die innere Gewissheit, dass das, was man wünscht, geschafft werden kann oder schon da ist.*

Der wirklich positive Mensch ist *aus einer inneren Haltung heraus positiv gestimmt*, auch wenn Schwierigkeiten auftreten, denn er erkennt darin die Aufgabe und die Möglichkeiten und Chancen, die das Leben ihm bietet.

Ein in das Blickfeld des Bewusstseins gerückter Gedanke kann ein Wunsch sein, ein Ideal oder Ziel, oder auch ein Problem. Er zieht, wenn er im Bewusstsein festgehalten und ständig aktiviert wird, gleiche oder ähnliche Kräfte an und konzentriert sie zu einem Gedankenkomplex. Andersartige Gedanken werden umgewandelt oder abgestoßen.

Wenn wir zurückschauen, erkennen wir, dass alle unsere Wünsche in Erfüllung gegangen sind, die wir lange genug in unserem Bewusstsein festgehalten haben. Leider allerdings auch negative Wünsche. Angst, Sorge usw. ziehen genau das an, was man befürchtet, weil hier das Bewusstsein mit Gedanken der Angst und Sorge erfüllt wird, und das Gefühl der Angst sorgt dafür, dass dieser Gedanke immer wieder aktiviert wird.

Hier hilft nur *Gedankendisziplin und regelmäßige Psychohygiene*, bei der unerwünschte Gedanken sofort in erwünschte Gedanken umgewandelt werden, bevor sie sich als Schicksal manifestieren können. Wir sollten darum täglich Gedankendisziplin üben und Psychohygiene betreiben, denn es sind zwei enorm wichtige Hilfen in unserer Entwicklung. Wir alle haben einen inneren Schatz, aber um ihn in unser Bewusstsein zu bringen, damit wir ihn nutzen können, müssen wir uns entwickeln.

Stellen Sie sich vor, in Ihrem Inneren befände sich eine lange Schriftrolle, auf der aufgeschrieben ist, wo Sie den Schatz finden können. Um an den Schatz zu kommen, brauchen Sie diese Information. Sie müssen die Schriftrolle »entwickeln« und können so den inneren Schatz mehr und mehr in Besitz nehmen.

Sieben Dimensionen des positiven Seins

Positivität als Lebensbejahung können wir als einen SEINS-Zustand verstehen. Denn wenn wir die Macht der positiven Gedanken verstehen, wendet sich unser ganzes Leben zu einem positiven SEIN.

1. Positives Denken

Werden Sie sich bewusst: Alles ist gut, so, wie es ist. Dieser Satz ist eine wirkliche Prüfung für positives Denken. Jedes »Wenn« und jedes »Aber« sind Verunreinigungen des positiven Denkens.

Es geht keinesfalls darum, alles »schönzudenken«, Probleme unter den Teppich zu kehren, sondern darum, *die Wirklichkeit hinter dem Schein zu erkennen.* Der Schein mag unerfreulich, hässlich, aggressiv und bösartig sein. Doch positives Denken gibt sich mit diesem Schein nicht ab. Es geht tiefer und erkennt das »Gute« hinter dem noch so Verzerrten; denn alles will mir nur dienen und helfen. Achtsam und beharrlich durchs Leben gehen. Voller Vertrauen und Humor gelassen tun, was zu tun ist. Dankbar die Wirklichkeit hinter dem Schein erkennen und geborgen in der Fülle des Seins leben.

Das »Gute« ist dabei nicht als »moralische Kategorie« misszuverstehen: Sobald ich in allem das »Gute« (im Sinne von Nützliche, Sinnvolle, Herausfordernde, Vorantreibende oder kurz: POSITIVE) erkannt habe, habe ich sein Wesen hinter dem Schein erkannt.

Positives Denken ist also in Wirklichkeit den Schein durchbrechendes, tief gehendes Denken. Es entbindet uns von dem Zwang, alles beurteilen und negativ verurteilen zu müssen.

Positives Denken hat immer auch etwas mit Liebe zu tun. Denn alles ist Liebe, eine Liebeserklärung des Lebens an uns Menschen. *Und positives Denken ent-deckt die Liebe in allem.* Das ist auch schon der Übergang zu unseren Gefühlen.

2. Positives Fühlen

Positives Denken und mentale Hygiene führen zum positiven Fühlen: offen und ausgeglichen die Menschen so annehmen, wie sie nun einmal sind. Alle sind Geschöpfe des Einen. Keiner ist besser, keiner schlechter. Jeder hat eine andere Aufgabe, steht an einem anderen Platz.

Positivität gilt aber auch den Gefühlen selbst gegenüber: vertrauensvoll und zuversichtlich zu seinen Gefühlen stehen und sich wert fühlen, in der Fülle zu leben. Das Leben nur beobachten, nicht bewerten, und liebevoll das Richtige geschehen lassen.

Zum positiven Fühlen gehören auch positive Bilder, denn sie sind geformte Gefühle. Unsere inneren Bilder und Gefühle bestimmen 95 Prozent unseres Seins. Deshalb ist es so überaus wichtig, durch die Kraft der Imagination unsere Gefühls- und innere Bilderwelt positiv zu gestalten.

Achten Sie immer darauf, welche Gefühle mit welchen Bildern verknüpft sind und welche inneren Bilder mit welchen Gefühlen. Wenn Sie in sich zum Beispiel das Gefühl des Vergebens zur Entfaltung bringen, welches Bild verbinden Sie damit?

3. Positives Wollen

Der Wille ist ein machtvolles Schöpfungswerkzeug, auf einen Punkt konzentrierte Energie.

Positives Wollen achtet darauf, den egozentrischen Eigenwillen zurückzunehmen, der nur sich selbst in den Vordergrund schieben will. Positives Wollen als Schöpfungswerkzeug handelt schöpfungsgerecht und ist in hohem Maße ethisch: Es geht nicht darum, seinen eigenen Willen durchzusetzen, sondern das zu wollen, was auch für andere gut ist.

Positives Wollen heißt im wohlverstandenen Sinne: »Nicht mein Wille, sondern dein Wille geschehe.« Das ist aber keine Aufforderung zur Passivität, sondern: Mein Wollen ist DEIN Wollen. In meinem Willen bringe ich DEIN Wollen zur Schöpfung.

4. Positives Reden

Viele Menschen reden ständig, ohne etwas zu sagen. Oder sie reden über andere Menschen bzw. nutzen den Zuhörer als »seelischen Mülleimer«.

Positives Reden bedeutet sich klar ausdrücken lernen und die Wortinflation stoppen. Keinen ungebetenen Rat geben und auch schweigen lernen. Ehrlich sein in Wort und Tat und Wortgeschenke machen. Mut machen, Trost spenden und Worte nur zum Helfen, Danken und Segnen gebrauchen.

Zum positiven Reden gehört aber auch *das positive Zuhören, das Hinhören,* was der andere sagt, und darauf auch einzugehen. Viele hören im wahrsten Sinne nur »zu«: Sie machen Mund und Ohren *zu,* um eine Pause vom eigenen Reden zu haben und ihren nächsten Redeschwall vorzubereiten. So verschlossen gehen sie gar nicht darauf ein, was der andere sagt.

Wir haben auch ein inneres Reden, dieses ständige »Geplappere«. Es ist sehr wichtig, dieses innere Reden als »nicht gefragten Ratgeber« positiv zu stimmen bzw. ihn so oft wie möglich zum Schweigen zu bringen. Leben findet auch da statt, wo nicht mehr gesprochen wird. Schweigen und Stille sind der Klang der Seele.

5. Positives Handeln

Positives Handeln setzt alles Gesagte auch in Handeln um. Positives Handeln ist ein erster Prüfstein, ob Positivität wirklich gelebt wird.

Zum positiven Handeln gehören: überlegt, feinfühlig und nachsichtig handeln. Liebevoll, konstruktiv und hilfreich sein. Halten, was man verspricht. Zuverlässig, rücksichtsvoll und beharrlich bleiben und unabhängig von den Erwartungen der anderen. Verantwortungs- und selbstbewusst sein bei allem, was ich tue.

Lernen, zu geben und zu nehmen, und aus der »inneren Führung« im richtigen Augenblick das Richtige tun. Auch bewusst und mäßig das Richtige essen. Fröhlich und frei ebenso die Freiheit des anderen respektieren.

Positives Handeln ist Bewegung: sich selbst in Bewegung setzen, andere und anderes bewegen.

6. Positives Bewusstsein

Die Quelle für positives Bewusstsein sind sicher nicht die täglichen Nachrichtensendungen. Die Quelle ist überhaupt nicht im Außen, sondern im Innen. Um nicht nur positiv zu denken, sondern (im ganzheitlichen Sinne) ein positives Bewusstsein zu haben, müssen wir regelmäßig in die Stille gehen und uns Zeit für Meditation und Gebet nehmen.

Das führt dazu, in der Erkenntnis der Wahrheit

und Wirklichkeit harmonisch, selbstlos und geborgen zu sein. Alles ist darauf ausgerichtet, das Bewusstsein zu erweitern, höchstes Bewusstsein zu erreichen.

Positives Bewusstsein heißt letztlich, sich selbst als BEWUSSTSEIN zu erkennen. Wer das erkannt hat, kommt aus seinem inneren Lächeln nicht mehr heraus. Es steht ihm ins Gesicht geschrieben.

7. Positives Leben

Positiv leben heißt, wirklich zu leben und nicht nur seine Existenz zu fristen. Sein Leben führen und gestalten. Schöpfer des eigenen Lebens, der Lebensverhältnisse zu sein.

Dazu gehört vor allen Dingen: die geistigen Gesetze beachten, sorglos und gelassen durchs Leben gehen in der Erkenntnis, alles ist »gleichgültig«. Harmonische Beziehungen pflegen und sich auch an den kleinen Dingen erfreuen.

Gern leben, aber auch jederzeit bereit sein zu gehen. Solange ich aber lebe, vernünftig und vorbildlich und gesund leben. Das ganze Sein auf das Höchste ausrichten und Gott in allem und jedem erkennen und achten. Dankbar und bewusst jeden Augenblick erfüllen. Geistesgegenwärtig und sinnvoll leben.

Die Bereiche für
schöpferische Imagination

Wenn wir uns für ein neues Leben entscheiden, es durch positives Denken und schöpferische Imagination neu gestalten, dann machen wir uns auch *Gedanken über unsere verschiedenen Lebensbereiche.*

Viele Menschen sind in dem einen Lebensbereich Profi (Männer zum Beispiel im Beruf), in einem anderen Bereich jedoch Dilettanten (womöglich in der Pflege persönlicher Beziehungen). Wenn wir unser Leben bewusst und schöpferisch gestalten, dann ist es wichtig, nicht nur einzelne Lebensbereiche zu optimieren, sondern alle Bereiche in Harmonie zu bringen.

Aus diesem Grund ist es von Bedeutung, sofort *eine »vollständige Lebensbilanz«* zu erstellen, die alle Bereiche umfasst, um immer das Ganze vor Augen haben zu können.

Dann empfiehlt es sich, nicht alle Bereiche auf einmal durchzuprobieren. Wählen Sie einen oder zwei aus, die für Sie gegenwärtig von großer Bedeutung sind, bei denen ein »Durchbruch« ansteht, und konzentrieren Sie sich für eine Weile auf diese. Später können Sie sich dann weitere Bereiche vornehmen.

Lebensbereiche sind in folgende Kategorien unterteilt.

Meine Beziehung zu mir selbst

- Meine persönliche und spirituelle Entwicklung;
- mein Selbstbild;
- meine Gefühle mir selbst gegenüber;
- Eigenschaften, die ich entwickeln kann, meine Talente, Potenziale, Gaben;
- die Vision meiner SELBST (wie bin ich gedacht, welche Lebensaufgabe gilt es zu erfüllen?);
- mein Verhältnis zur höheren Kraft usw.

Meine Beziehungen zu anderen Menschen

Hierbei kann eine bestimmte Beziehung zu einem einzelnen Menschen gemeint sein, oder Sie können sich mit Ihrem Verhältnis zu anderen Menschen insgesamt befassen:

- die Beziehung zu meinem Lebenspartner / meiner Lebenspartnerin (eine zweckdienliche Lebensgemeinschaft oder eine lebende Vision als PAAR?)
- die Beziehung zu meinen Kindern, Eltern, Geschwistern (alles in Liebe?);
- die Beziehung zur Verwandtschaft, Freunden, Bekannten (lebe ich in einem Netz, das mich auffangen kann, was immer passieren mag?);
- Geschäftsbeziehungen und kollegiale Beziehun-

gen (kooperative Beziehung oder Ausbeuter-
und Mobbing-Beziehungen?);

- die Beziehung zum anderen Geschlecht (latente
Männer- oder Frauenfeindlichkeit?), Menschen
anderer Nation, anderer Hautfarbe (fühle ich
mich als Teil einer großen Menschheitsfamilie?);
- Beziehung zu Tieren, Pflanzen, Edelsteinen (habe
ich dazu überhaupt eine Beziehung?).

Arbeit, Kreativität, finanzieller Wohlstand

Hier geht es um Ihren Beruf und Ihren kreativen
Selbstausdruck. Es könnte etwas sein, womit Sie
sich gerade beschäftigen und wobei Sie erfolgreicher sein möchten. Oder aber um das Finden
einer neuen Ausdrucksform. Und es geht um die
Verbesserung Ihrer finanziellen Situation.

- Macht mir meine berufliche Tätigkeit wirklich
Spaß? Lebe ich meinen Traumberuf?
- Wozu fühle ich mich berufen?
- Lebe ich schon in Fülle, indem ich mein Bestes
gebe und für mich das Beste bekomme?
- Worin kommt meine Kreativität zum Ausdruck?

Mein Zuhause und mein persönlicher Besitz

Wenn Sie Ihr persönliches Lebensumfeld verbessern oder sich ein neues schaffen möchten, sollten
Sie sich vorrangig mit diesem Bereich beschäftigen. Oder wenn Sie gerne bestimmte materielle

Besitztümer in Ihr Leben ziehen wollen (ein neues Auto, Möbel, Kleidung, was auch immer).

- Was spiegelt mein Äußeres von meinem inneren Selbstbild?
- Wo habe ich mich innerlich gewandelt, was sich aber im Äußern noch nicht zeigt?
- Was bedeutet für mich »Reichtum«, »Wohlstand«, »Fülle«, »Erfüllung«?
- Welche Lebensverhältnisse zu leben fühle ich mich wert?

Gesundheit und äußere Erscheinung

Wenn Sie sich jetzt vorrangig selbst heilen, Ihre körperliche Fitness steigern, ab- oder zunehmen möchten, sollten Sie in diesem Bereich arbeiten. Gesundheit ist letztlich die Basis von allem. Es ist auch Ausdruck dafür, wie sehr ich mich selbst liebe, denn dann liebe ich auch meinen Körper und tue nur das, was ihm richtig gut tut.

- Wo sind die Schwachstellen meiner Gesundheit?
- In welcher Hinsicht bin ich abhängig, brauche ich »Drogen«, um »über die Runden« zu kommen (Nikotin, Koffein, Alkohol, Sex, Fernsehkonsum...). Uns selbst zu lieben heißt auch, absolut ehrlich mit uns selbst umzugehen.
- Wie alt möchte ich werden? Habe ich eine gesunde und vitale Vision von »Alter«? Kann ich jeden Tag meines Lebens erleben als »Ich bin in meinem besten Alter«?

Erholung und Urlaub

Hier geht es darum, eine Urlaubsreise oder etwas anderes, das der Freude und Erholung dient, in die Tat umzusetzen, Träume zu verwirklichen.

- Wie regeneriere ich mich im Alltag durch Schlaf, Wochenende, Hobbys?
- Welche Träume habe ich überhaupt noch? Was will ich in meinem Leben noch gesehen und erlebt haben?
- Habe ich mein »Mekka«, meine heilige Stätte, die ich besuchen will?
- Welche Vision habe ich davon, dass Beruf und Freizeit in meinem Leben EINS werden?
- Wie würde mein Leben aussehen, wenn alles »bezahlter Urlaub für immer«, mein Leben wirklich traumhaft und märchenhaft wäre?

Die Welt um mich herum

Es macht Spaß und ist sehr kreativ, sich etwas Zeit dafür zu nehmen, eine vollkommenere, erleuchtetere Welt zu visualisieren. Benutzen Sie Ihre Imagination, um Dinge zum Besseren hin zu verändern.

Was die Einstellung zur Welt angeht, lassen sich heute, in dieser offensichtlichen Zeit des Umbruchs, zwei große, konträr zueinander stehende Weltbilder ausmachen. Das erste lässt sich überzeichnet so formulieren:

Böse, im Geheimen tätige Mächte streben die Weltherrschaft an. So ist das Internet ein Instrument, die Menschen voll und ganz unter Kontrolle zu bringen und zu beherrschen. Wir stehen vor einer Diktatur einer Oligarchie gegen den Rest der Welt.

Die andere Sichtweise ließe sich so zusammenfassen:

Wir erleben die Geburtswehen eines ganz neuen Zeitalters in der menschlichen und auch terrestrischen Evolution: Die eigentliche Geschichte der Menschheit beginnt erst jetzt. Wir vollziehen die Vereinigung freier Menschen, freier Nationen und Völker zu einer Menschheitsfamilie.
In diesem Prozess gibt es Mächte, die sich als Privilegierte dem widersetzen. Doch das sind nur Zuckungen des Alten, dessen Zeit zu Ende ist. Am Schluss des Prozesses erwacht die Menschheit, und wir schaffen unser Paradies auf Erden!

Nun zu Ihnen:

- Was ist Ihr Bild von dem, was sich aktuell auf unserem Planeten abspielt? Haben Sie Ängste vor »bösen, finsteren Mächten«, oder verstehen Sie sich selbst als Lichtbringer für die neue Zukunft der Menschheit?
- Haben Sie überhaupt ein Verhältnis zu dem, was sich da in der Welt ereignet?

Zur Tat schreiten

Natürlich kann es sein, dass manche Ihrer Lebensziele sich nicht in die genannten Kategorien einordnen lassen. In diesem Fall können Sie selbstverständlich gerne weitere Kategorien hinzunehmen.

Vielleicht müssen Sie nicht gleich »das dickste Problem« in Ihrem Leben angehen. Möglicherweise ist es sinnvoller, das naheliegendste zu beseitigen, um Kraft und Übung für die großen Probleme zu haben.

Das naheliegendste Problem könnte genau das sein, worüber Sie sich *tagtäglich am meisten ärgern* – als Fingerzeig des Lebens. Verbannen Sie doch jetzt den Ärger aus Ihrem Leben, dann lassen sich auch die großen Probleme leichter meistern.

Ärger ist ein Gefühl, das Ihnen zeigt, was Sie jetzt in Ihrem Leben loslassen sollten.

> *Ich sehne mich danach,*
> *eine große und edle Aufgabe zu erfüllen,*
> *aber meine erste Pflicht ist es,*
> *kleine Aufgaben so zu erfüllen,*
> *als ob sie groß und edel wären.*

Das Ärgernis des Ärgerns

Sich zu ärgern ist ein sicheres Zeichen dafür, dass man noch nicht im Einklang mit sich selbst und der Umwelt ist, dass man urteilt und verurteilt. *Was mich ärgert, liebe ich nicht, und was ich liebe, ärgert mich nicht.* Was ich liebe, akzeptiere ich so, wie es ist. Aber was mich ärgert, akzeptiere ich nicht.

Ärger ist ein Hinweis unseres Gemüts, dass hier etwas nicht stimmt, und die Aufforderung, die Situation oder Beziehung in die Stimmigkeit zu wandeln.

Es gibt kaum Menschen, die sich nicht ärgern, aber es gibt sie; und das beweist, dass es möglich ist, das Sich-ärgern ganz und gar loszulassen und völlig in Stimmigkeit und Einklang zu sein.

Ärger hat seinen Ursprung immer in einer schlechten Gedankendisziplin, ist Ausdruck negativen Denkens. Ärger als Gefühlsregung macht uns auf dieses überholte, loszulassende Denken aufmerksam. Was uns ärgert, will losgelassen und transformiert werden.

Aufgestauter und erstarrter Ärger hat viele Nachteile. Die Vitalität wird durch Ärger stark belastet, und Krankheiten werden geradezu herausgefordert. Ärger fördert die Nervosität und lässt uns beim nächsten Mal noch schneller ärgerlich werden.

Betrachten wir einmal unsere Körperreaktionen beim Ärger: Das Herz schlägt unregelmäßig, und ein Herzinfarkt kann ausgelöst werden. Der Blutdruck steigt; die Muskeln werden verspannt; die Verdauung wird beeinträchtigt; schlechter Schlaf und Müdigkeit sind die Folge; Kopfschmerzen oder Migräne können ausgelöst werden; man hat allgemein schlechte Laune, wenn man sich ärgert; das Denken und Tun werden unbeherrscht; Magengeschwüre und Gallensteine können entstehen; die Abwehrkraft wird geschwächt; und wir werden vor der Zeit alt, welk, hässlich und krank.

Je häufiger und intensiver der Ärger erlebt wird, desto schlechter ist der Gesundheitszustand. Die großen Belastungen haben langfristige Folgen für die Gesundheit, während die kleinen Ärgernisse sich stärker auf das momentane Befinden auswirken.

Das Sichärgern loszulassen ist also eine bedeutende Maßnahme für unsere Gesundheit. Es ist eine mentale und psychische Hygiene zugleich. Zunächst müssen wir verstehen, dass Ärger unnötig ist und wie wir uns davon befreien, dann ärgern wir uns immer weniger und gehen den Weg des Glücklichseins.

Oft ist es so, dass wir uns durch den Ärger für Fehler der anderen bestrafen. Wir schwächen uns selbst, durch eine negative Schwingung unseres Bewusstseins beim Ärgern. Durch den falschen Umgang mit den Umständen beeinträchtigen wir unsere Leistungsfähigkeit gerade dann, wenn wir in Höchstform sein sollten. *Niemand kann sich leisten, sich zu ärgern, und Ärger macht alles nur noch ärger!*

Machen wir uns bewusst: Ganz gleich, worüber wir uns ärgern, das, *worüber wir uns geärgert haben, ist von unserem Ärger ganz unbeeindruckt.* Vor allem hat sich die Situation überhaupt nicht geändert – ich könnte mich gerade wieder ärgern!

Sich zu ärgern ist die Freisetzung einer Energie, die auf Veränderung einer bestimmten Situation drängt. Entweder nehme ich diese Herausforderung wahr und nutze die Energie positiv – oder ich bleibe im Ärger stecken, und diese Energie wirkt negativ; denn der Preis ist immer meine Gesundheit. Kann ich mir den Ärger also wirklich leisten?

Wer sich ärgert, fühlt sich als Opfer der betreffenden Situation, dem Handeln anderer Menschen. Man ärgert sich, weil man sich machtlos fühlt. *Selbst wenn der Ärger in einem Wutausbruch explodiert, ändert das nichts – und das ist das Ärgerliche!* Ich verhalte mich wie ein Hampelmann: Ganz gleich, wer an der Schnur zieht – ich springe!

Es geht also nicht um den Anlass des Ärgerns, sondern darum, wie ich darauf reagiere! Re-agiere ich nur, oder wandle ich die Situation ein für alle Mal zum Besseren, damit dieses Ärgernis nicht mehr in Erscheinung treten muss, um mich daran zu erinnern, dass ich kein Hampelmann, sondern ein Schöpfer bin?

ALLES HÄNGT
VON MEINER EINSTELLUNG AB
UND NICHT VON DEN ÄUSSEREN
UMSTÄNDEN!

Es gibt viele unproduktive Arten, mit seinem Ärger reaktiv umzugehen. Manche beißen sich auf die Lippen, laufen rot an, ballen vielleicht sogar die Fäuste, sagen aber nichts, fressen ihren Ärger in sich hinein. Andere machen ihrem Ärger durch laute Worte Luft oder werden gar verletzend und fragen nicht mehr danach, ob sie dem anderen unrecht tun.

Wir sollten aber nicht ein Unrecht mit einem anderen beantworten, zumal wir das Unrecht meist selbst verursacht haben. Wir sollten vor allem nie mehr glauben, wir *müssten* uns ärgern. Was immer der Anlass und Auslöser ist – es liegt an mir, es zu ändern:

- Sie lassen das Ärgern los, indem Sie jeden Menschen liebevoll akzeptieren und so annehmen, wie er nun einmal ist, und es ihm überlassen, ob und wann er sich ändert.
  Machen Sie sich dabei bewusst: Nicht jeder kann mein Freund sein, aber jeder ist mein Lehrer. Was kann ich vom anderen lernen? Ist das, was mich an ihm ärgert, nicht möglicherweise etwas

Verborgenes an mir selbst, das ich nicht akzeptiere und nur auf den anderen projiziere?

- Lassen Sie alle Erwartungen los, und gestatten Sie dem Leben, so zu sein, wie es eben ist. Lassen Sie sich auf das Abenteuer Leben ein. Sie müssen nicht immer alles unter Kontrolle haben. Das entspringt einer inneren Angst und Unsicherheit. Solange Sie noch Erwartungen haben, erleben Sie zwangsläufig immer wieder »Ent-Täuschungen«.

  Werden Sie sich bewusst: Ich betrüge mich um viele Geschenke des Lebens, denn kommt es so, wie ich es erwartet habe, bin ich nicht besonders glücklich, schließlich habe ich das ja so erwartet; kommt es aber anders, ärgere ich mich. *Das Leben hat nur eine Möglichkeit, das zu machen, was ich erwartet habe, aber tausend Möglichkeiten, es anders zu machen.* Gerade das ist ja das Spiel, das Aufregende, das Unerwartete, das Neue.

- Erkennen Sie auch, dass NICHTS UND NIEMAND auf der Welt die Macht hat, Sie zu ärgern.

  Werden Sie sich bewusst: Nur ich kann mich ärgern, wann ich will – über alles und jeden. Und nur ich kann es lassen – ENDGÜLTIG! Ich kann mich ärgern, bin dazu aber nicht verpflichtet!

Achten Sie einmal darauf: Wenn wir uns ärgern, atmen wir schneller, kürzer und stoßweise.

Versuchen wir, langsam und tief zu atmen, während wir uns ärgern, wird uns das nicht gelingen.

Schaffen wir dagegen früh genug eine tiefe und lange Atmung, dann können wir uns gar nicht mehr ärgern. So äußert sich jede Gemütserregung einerseits unwillkürlich durch eine Veränderung des Atems und kann darum andererseits willkürlich durch bewusste Atemschulung weit gehend reguliert werden.

> *Würden die Menschen öfter in sich gehen,*
> *wären sie nicht so oft außer sich.*

Ich erkenne:

- dass mich niemand ärgern kann, dass immer ich es bin, der sich ärgert, was auch immer ich zum Anlass nehme;
- dass ich mich nicht ärgern muss; denn niemand kann mich zwingen, mich zu ärgern, nur ich selbst, und nur ich selbst kann es mir abgewöhnen;
- dass Ärger Kraft, Zeit und Gesundheit kostet, aber nicht den geringsten Vorteil bringt;
- dass das Problem, über das ich mich ärgere, nur eines von unzähligen ist, die ich bereits gelöst habe oder noch lösen werde. In ein paar Tagen, Wochen, spätestens in ein paar Jahren wird es vergessen sein, unwichtig geworden – gelöst. Warum also soll ich mich jetzt darüber aufregen?

Ich weiß, dass es der Zweck des Lebens ist, mich ständig mit neuen Schwierigkeiten zu konfrontieren, und dass es der Sinn des Lebens ist, diese Schwierigkeiten optimal zu meistern und daran zu wachsen und zu reifen.

Also suche und finde ich in aller Ruhe und völliger Gelassenheit die beste Lösung, führe sie durch und bin bereit, die nächste Aufgabe zu lösen.

Ich löse den Ärger ein für alle Mal auf, indem ich:

- nichts mehr von anderen erwarte; ich akzeptiere, dass der Mensch das Recht hat, so zu sein, wie er nun einmal ist, und sich dann zu ändern, wenn er dazu bereit ist;
- ihm alles verzeihe, was immer er tut, und zwar bevor ich mich darüber ärgern kann. Ich lasse Ärger gar nicht erst aufkommen.

Von heute an ärgere ich mich nicht mehr, bin aber auch nie mehr enttäuscht, beleidigt, gekränkt, verletzt oder aggressiv.

> *Ich bin endlich frei!*

Die Kunst des
mentalen Umerlebens

Wenn wir gelernt haben, uns von unserem Ärger zu befreien, können wir unsere »Psychohygiene« vertiefen: Eine weitere sehr wirkungsvolle Übung der schöpferischen Imagination besteht darin, *den vergangenen Tag noch einmal so zu erleben, wie man ihn gern erlebt hätte.*

Jede Szene des Tages, mit der Sie nicht vollständig im Einklang waren, wird nach den Idealvorstellungen revidiert und in Gedanken noch einmal durchlebt. Wenn Sie zum Beispiel einen Brief mit einer unangenehmen Nachricht erhalten haben, dann schreiben Sie diesen Brief in Ihren Gedanken neu und verfassen Sie die Nachricht so, wie Sie sie gerne empfangen hätten. (Das heißt allerdings nicht, dass Sie eine wirkliche Verpflichtung oder dergleichen ignorieren sollten.) Lesen Sie sich den so von Ihnen revidierten Brief in Gedanken immer wieder vor. Dadurch wird das Negative an der Nachricht kontinuierlich schwächer, bis es zum Punkt kommt, an dem es die Bedeutung gänzlich verloren hat. Jedes Mal, wenn man ein Ereignis noch einmal so durcherlebt, wie man es hätte leben sollen, *wird der Tag neu geboren.*

Beginnt der Mensch, seine täglichen Ärgernisse und Probleme zu revidieren, dann beginnt er auch, an sich zu arbeiten, und seine ganze Persönlichkeit entwickelt sich auf ein höheres Niveau.

Jede Revision ist für ihn ein Sieg über veraltete Verhaltensmuster und innere Bilder, daher ein Sieg über die Vergangenheit.

Die heftigsten Kämpfe, die ein Mensch täglich ausficht, toben in seiner *eigenen Imagination, zwischen dem, was ist, und dem, was sein könnte.* Wer seinen Tag nicht revidiert, hat wahrscheinlich das Wunschbild seines Lebens verloren und wird wohl nie erfahren, wie wunderbar Leben überhaupt sein könnte.

Durch mentales Umerleben können Sie *auch zukünftigem Stress oder noch auf Sie zukommenden Belastungen* wirkungsvoll begegnen, indem Sie die schwächende Situation, eine Prüfung, eine unangenehme Begegnung oder eine Aussprache im Voraus durcherleben, dabei die Stirnpunkte (die beiden äußersten Punkte an der Stirn) mit Daumen und Mittelfinger halten, bis Sie diese Vorstellung nicht mehr schwächt. Sie können nämlich *eine unangenehme Situation so im Voraus mental ändern.*

Sollten Sie jedoch erst nachträglich feststellen, dass eine Handlung falsch war, können Sie zwar das Geschehene nicht mehr ändern, aber dessen Folgen durch »mentales Umerleben« weitgehend korrigieren, vor allem aber Ihre zukünftige Handlungsweise.

Wir können das »mentale Umerleben« für verschiedene Situationen anwenden:

1. *Das mentale Umerleben des vergangenen Tages, die tägliche Revision.*
   Dabei werden vor allem unstimmige Gefühle »umgefühlt«, bis der Tag stimmig ist.
   Mit der Beherrschung dieser Technik lernen wir allmählich, die Ereignisse SOFORT (und nicht erst am Abend) umzuerleben, bevor sie sich in unserer Psyche festsetzen und zum Schicksal werden können.

2. *Die Vergangenheit bewältigen und loslassen.*
   Das ist vor allem das »Großreinemachen«, das sich immer wieder anbietet, wenn wir eine Krise überwunden haben und von der höheren Warte aus die Vergangenheit anders beurteilen können (nämlich als Geschenk!). Wir können dann liebevoll loslassen.
   Zu jedem Entwicklungssprung gehört das Loslassen der Vergangenheit genauso notwendig dazu, wie Ballast abzuwerfen bei der Ballonfahrt erforderlich ist.

3. *Mentale Rückversetzung, um sich an etwas zu »erinnern«.*
   Wo habe ich meinen Schlüssel? Meinen Pass? Meine Tickets? Wie hat der andere das damals gemeint? Wie genau ist das abgelaufen?
   Bei dieser Technik geht es nicht darum, sich nur

gedanklich zu erinnern, sondern sich in die Situation so leibhaftig zurückzuversetzen, dass sie noch einmal ganz erlebt werden kann.

4. *Das mentale Vorauserleben.*
Ich kann auch meine Zukunft im Voraus erleben und mich darauf einstellen: Was kommt heute Besonderes auf mich zu? Wie will, sollte ich mich dann verhalten? Wie vollzieht der Tag sich als idealer Tag?
Noch einen Schritt weiter gedacht, bedeutet diese Technik, mich an meine Zukunft zu erinnern: Was werde ich gemacht haben? Ist es stimmig? Was sollte ich jetzt verändern, damit meine Zukunft absolut stimmig ist? Was habe ich getan, damit meine Zukunft stimmig wurde?

5. *Selbsterziehung durch mentales Umerleben.*
Dabei geht es darum, Eigenschaften, die unerwünscht sind, durch erwünschte zu ersetzen. So können Sie mit der Zeit den eigenen Charakter hin zum Ideal formen. Indem ich mich verändere, ändere ich mein Schicksal, denn die Lebensumstände sind nur ein »Spiegelbild« meines So-Seins.
Was ist mein Ideal von mir selbst? Was würde ich mir wünschen, was in meiner Biographie steht? Wo sollte Ich als Diamant geschliffen werden, damit seine ganze Schönheit zum Strahlen kommt?

6. *Gewohnheiten erkennen und ändern.*
Gerade Angewohnheiten halten sich am hartnäckigsten. Aber auch gute Gewohnheiten folgen dieser Gesetzmäßigkeit. Es kommt nur darauf an, diese erwünschten Gewohnheiten einmal durch ständige Wiederholung fest einzuprägen.
Sie sollten dabei öfter Ihre »innere Bildergalerie« überprüfen und dem derzeitigen Wertmaßstab anpassen. Sie können überholte Bilder jederzeit austauschen oder abändern. Aber denken Sie an die notwendigen Wiederholungen.

7. *Mental in Wunscherfüllung versetzen.*
Oft wünschen wir uns etwas, das eigentlich gar nicht richtig zu uns passt. Wir denken dann noch in Rollenklischees: Ich in meiner Position muss das und das erreichen. Wenn wir das Erwünschte dann haben, sind wir enttäuscht, weil es gar nicht wirklich zu uns passt, der Wunsch gar nicht von Herzen kam, sondern nur aufgesetzt war.
Versetzen Sie sich also bei jedem Wunsch erst einmal in die Wunscherfüllung, und fragen Sie sich: Bringt mir das wirklich die Erfüllung? Lohnt sich der Aufwand tatsächlich, der erforderlich wäre?
Eine andere Formulierung der Methode lautet: *die Zukunft anprobieren.* Schlüpfen Sie einfach in verschiedene Zukünfte hinein wie bei einer Kleiderprobe: Was passt wirklich zu mir? So ersparen Sie sich viele unnötige Umwege.

8. *Mentales Vorauserleben als Abschluss des »Ursache-Setzens«.*

Immer wenn ich bewusst eine Ursache setze, versetze ich mich in die Situation der geschaffenen Wirkung. So kann ich das Ziel nicht nur in Besitz nehmen, sondern die Verursachung auch mit einem tiefen Gefühl der Dankbarkeit loslassen.

Testen Sie auch, ob eine Situation wirklich mental »umerlebt« ist oder ob Sie das nur glauben. Wenn sie umerlebt ist, dann *fühlen* Sie sich einfach anders! Dann ist jeder Groll oder Ärger wie weggeblasen.

Mit etwas Übung werden Sie bald jedes Mal sofort merken, wann das Umerleben einer Situation von Ihrem Unterbewusstsein angenommen ist. Dann geraten Sie auch immer seltener in eine Lage, die das mentale Umerleben überhaupt noch notwendig macht.

> *Nicht es gut zu haben, sondern gut zu sein*
> *sei das Ziel deines Lebens.*

Tagesrück- und Morgenvorschau

Tagesrückschau

Jeden Abend lasse ich den Tag noch einmal vor meinem geistigen Auge vorüberziehen und frage mich:

- Was habe ich heute gesagt oder getan?
- Was davon war wichtig, was unwichtig?
- Was wollte ich erreichen, was habe ich erreicht?
- Was war so richtig, was war falsch?
- Wie hätte es richtig sein sollen? (Mental umerleben und zu einem »imaginären Erfolgserlebnis« machen. Auch falsche Gefühle und unstimmige innere Bilder müssen korrigiert werden.)

Ich versöhne mich dabei mit allen Menschen, mit denen ich derzeit nicht in Harmonie bin. Ich versöhne mich vor allem mit mir und nehme mich so an, wie ich derzeit noch bin, aber ich bemühe mich, zu werden, wie ich sein sollte.
Ich distanziere mich bewusst von allem Negativen, wende mich innerlich ganz dem Positiven zu und bejahe es. Ich erkenne bewusst, wie viel Grund ich habe, glücklich zu sein, und bin dankbar dafür.

Vor dem Einschlafen lasse ich bewusst den Tag los, nachdem ich ihn so »bereinigt« habe, und ich freue mich auf einen neuen Tag.

> *Der Neubeginn meines Lebens ist im*
> *»Hier und Jetzt«.*

Morgenvorschau

Ich erkenne, dass ich diesen Tag nicht mit den Belastungen von gestern beginnen möchte. Ich öffne mich ganz *den Möglichkeiten, die mir dieser Tag bietet*, und ich bin bereit, mein Bestes zu geben.

Ich frage mich jeden Morgen:

- Was will ich heute erreichen? Wie erreiche ich es am besten?
- Was will ich auf jeden Fall vermeiden? Wie verhalte ich mich?
- Was heißt es HEUTE für mich, zu LEBEN? Wie ERFÜLLE ich den Tag?
- Welche Situationen oder Begegnungen habe ich heute zu erwarten?

Erleben Sie diese Fragen mental voraus und machen Sie es zu einem »imaginären Erfolgserlebnis«, um es damit als Programm zu speichern.

Erwünschte geistige Ursachen setzen

Mehrmals im Laufe des Tages stelle ich mir in der Imagination Folgendes vor:

- Licht und Gesundheit durchströmen mich.
- Kraft und Harmonie erfüllen mich.
- Was ich tue, das tue ich ganz und von ganzem Herzen.

Ich stelle einen Wächter vor das Tor zu meinem Unterbewusstsein, der nur Gutes herein-, aber auch nur Gutes herauslässt. So wird nur noch erwünschte Zukunft verursacht, und

MEIN LEBEN WIRD IMMER SCHÖNER.

Ich danke immer wieder für das viele Gute, das ich schon habe, und gehe froh und sicher durch den Tag!

Sich wert fühlen, glücklich zu sein und in der Fülle zu leben

Die Stärke schöpferischer Imagination besteht vor allem in der kreativen Gestaltung der Zukunft. Wenn die Vergangenheit umerlebt und bereinigt ist, dann will die Zukunft aktiv gestaltet werden. Sie wird umso wertvoller, je wertvoller wir uns fühlen.

Viele Menschen sind der Überzeugung, kein Glück verdient zu haben, nicht zur Erfüllung der eigenen Wünsche berechtigt zu sein. Trotz der Sehnsucht nach Erfüllung haben sie doch auch gleichzeitig Angst davor.

Allein diese Geisteshaltung sorgt mit absoluter Sicherheit dafür, dass sie keine dauerhafte Erfüllung finden können. *Also fühlen Sie sich wert, glücklich zu sein und Erfüllung zu finden!*

Wenn wir SELBST zu einem vielseitigen Werkzeug werden, dann werden wir weder arbeitslos, noch können wir ungenügend verdienen.

Kein Geld zu haben zeigt einen Mangel. Dieser Mangel ist auch in unserem Inneren. Geld zu haben heißt aber nicht, auch innerlich alles zu haben und ohne Mangel zu sein. Geld ist nur ein Maßstab für eine bestimmte Art der Leistung.

Wir sind aufgefordert, unser inneres Potenzial zu entwickeln, damit können wir auch im Außen zu Reichtum kommen.

Die meisten Menschen wollen mehr verdienen, als sie verdienen. Der Verdienst richtet sich aber nicht nach dem Anspruch, sondern nach der Leistung. *Erst kommt das Dienen, dann das Verdienen. Also sollten wir die Leistung erhöhen und nicht den Anspruch.*

Wer allerdings sein Leben lang nichts tut, als Geld zu verdienen, der verdient auch nichts als Geld! Wohlstand und Vermögen kann man nur auf dem Weg nach innen finden und behalten. Im Außen lediglich Besitz, der nach dem Tode hier bleibt.

Nicht mehr scheinen wollen, als man ist, ist richtig und gut, aber genauso wichtig ist es, nicht *weniger* sein zu wollen, als man ist. Niemand ist geringer als ich, aber es steht auch keiner über mir, sobald ich mir der Göttlichkeit meines Wahren Seins bewusst bin. Auch die Bibel fordert uns auf, unser Licht nicht unter den Scheffel zu stellen, sondern mit ihm die Welt zu erleuchten.

Jeder von uns ist einmalig und hat einen wertvollen Beitrag in seinem Leben zu leisten, und zwar auf seine ganz besondere und einmalige Art. Diesen Beitrag zum Leben nenne ich *unsere wahre Bestimmung.*

Wir alle besitzen sogar ein »Stipendium« in der »Schule des Lebens«, denn wir werden für den Unterricht auch noch bezahlt. Diese Bezahlung nennen wir dann unser Einkommen. *Wir können uns darauf verlassen, dass das Leben uns alles gibt, was wir zum wertvollen Ausdruck unseres Seins brauchen.* In jedem Augenblick leben wir in der Fülle! Zum Reichtum gehört auch die Erkenntnis, alles zu haben, was man braucht!

Erkennen wir die Wirklichkeit: Wir sind der Gott eines riesigen Universums, des Universums unseres Körpers. Der menschliche Körper hat etwa hundert Billionen Zellen, jede Zelle eine Galaxie, bestehend aus unzähligen Atomen, jedes Atom ein Sonnensystem, mit einer zentralen Sonne, dem Atomkern, und Planeten aus Protonen, Elektronen und Neutronen.

Wir sind der einzige Denker in diesem Riesenreich. Jeder unserer Gedanken teilt sich unmittelbar jeder einzelnen Zelle mit und bestimmt so Gesundheit oder Krankheit des Körpers. Jeder Gedanke ist ein Baustein unseres Schicksals – damit bestimmen wir unser ganzes Leben. Sorgen wir dafür, dass wir ein weiser Gott in unserem riesigen Reich sind, indem wir unser Bewusstsein ändern, ändern wir alles.

Denn es gibt im ganzen Universum keine »Schicksalsverteilungsstelle« außer unserem Bewusstsein, und so sind an unserem Schicksal weder die Eltern noch die Lehrer schuld, auch nicht die Politiker oder die schlechten Zeiten, sondern nur wir selbst.

> *Wir schaffen unser Schicksal,*
> *wir müssen es nicht ertragen,*
> *sondern können es ändern!*

Das innere Bild der Fülle

Ihre »inneren Bilder« bestimmen Ihr Leben, auf allen Ebenen des Seins, Sie aber bestimmen Ihre »inneren Bilder«. Wirklich reich kann man nur innerlich sein, denn im Außen spiegelt sich lediglich die innere Wirklichkeit wider.

In der Fülle zu leben bedeutet zunächst, *das innere Bild der Fülle zu schaffen*. Also prüfe ich sorgfältig:

- Welches »Selbstwertgefühl« habe ich? Was bin ich mir wert, was bin ich für andere wert?
- Habe ich ein positives Selbstbild? Bereichere ich durch mein SEIN andere Menschen?
- Wie viel »Selbst-bewusst-Sein« habe ich? Bin ich mir tagtäglich meiner SELBST bewusst und handle aus meinem »Wahren Selbst« heraus?
- Wie ist meine »innere Einstellung« zu: Geld, Reichtum, Glück, Gesundheit, Beruf, Leben, Schicksal, Gott, meiner Lebensaufgabe?
- Welche Ursachen setze ich bewusst oder unbewusst durch diese Bilder? (Mental umerleben und regelmäßig »mental daran arbeiten«).

Das »Gesetz von Ursache und Wirkung« verwirklicht meine Gedankenbilder. Denke ich begrenzend und unglücklich, werden mich diese Gedanken mit absoluter Sicherheit in begrenzende und unglückliche Verhältnisse bringen.

Mit dem »Gefäß meines Bewusstseins« bestimme ich, wie viel ich vom Leben, aus dem Ozean der Fülle, nehmen kann. Ich erweitere mein Bewusstsein, und so erweitere ich meine Möglichkeiten. Die Schöpfung will mich nicht begrenzen – sie gibt grenzenlos!

LEBEN IST WIE WASSER,
ES FÜLLT DIE FORM AUS,
DIE WIR IHM GEBEN.

Viele Reiche sind ganz einfache und nichtakademische Menschen, denn zum Reichtum braucht es keine Klugheit und intellektuelle Ausbildung, es braucht nur einen tief in der Seele verwurzelen Glauben, innerlich reich und talentiert zu sein, dann muss sich dieser Reichtum auch im Außen manifestieren. Wenn ich weiß, dass ich anderen Menschen etwas Wertvolles zu geben habe, dann wird auch mein Leben wertvoll.

WENN WIR IMMER NUR NACH DEN
HIMMLISCHEN SCHÄTZEN TRACHTEN,
DANN WIRD UNS ALLES ANDERE
VON SELBST ZUFALLEN.

Bei ALLEM, was mir im Leben widerfährt, prüft mich das Leben nur, ob ich im richtigen, »gerichteten« Bewusstsein bin, ob ich das richtige »innere Bild« habe. Halte ich das »innere Bild« der Fülle, dann lebe ich in der Fülle!

WISSEN STELLT TATSACHEN FEST,
GLAUBE SCHAFFT TATSACHEN.

Viele gute, fähige und fleißige Menschen rackern sich ein Leben lang ab und sterben dennoch arm. Doch jeder denkt sich sein ganzes Leben aus, bewusst oder unbewusst, und so lebt er es dann auch.

Das Leben akzeptiert JEDES BILD eins Schöpfers und sagt immer nur JA, JA! Das Leben gibt Ihnen, was immer Sie sich vorstellen und als »inneres Bild«, als ihre »innere Wirklichkeit« festhalten. Ihre »innere Wirklichkeit« wirkt und schafft die entsprechenden Lebensumstände.

ALLMACHT IST KEIN GEHEIMNIS,
SONDERN UNSER GEISTIGES ERBE.

Der Börsenguru André Kostolany sagte einmal: »Wer einen Tag jeden Monat wirklich nachdenkt, das heißt ›mental arbeitet‹, der verdient an diesem Tag mehr als mit den 29 Tagen Arbeit. Ich verdanke mein Vermögen der Tatsache, dass ich 29 Tage im Monat nachdenke und einen Tag arbeite.«

AUCH SIE SIND EIN SCHÖPFER
UND IMMER ERFOLGREICH.
SIE SIND DER ARCHITEKT IHRES LEBENS,
UND IHRE »INNEREN BILDER«
SIND DIE BAUPLÄNE.

*Die Persönliche Realität spiegelt wider,
was ein Mensch wirklich glaubt,
und das ist nicht immer dasselbe,
was er vorgibt zu glauben.*

Wahrer Reichtum

Gesundheit ist zwar nicht alles, aber ohne Gesundheit ist reine Freude nicht möglich. Und Freude ist das Lebenselexier des Lebenskünstlers, und so lernen wir miteinander, uns *von der Freude zur Erfüllung führen zu lassen.*

Der erste Schritt dazu könnte sein, dass Sie nie mehr »arbeiten«, sondern Ihrer Berufung nachgehen, und damit »Urlaub für immer« haben. *Denn alles, was keine Freude macht, ist Arbeit, Mühe und Zwang.* Das heißt nicht, dass Sie nichts mehr tun sollen, Sie tun bloß nichts mehr, was Ihnen keine Freude macht. Denn wer sagt denn eigentlich, dass man nicht noch mehr dadurch verdienen kann, indem man das tut, was einem ohnehin Freude bereitet?

Es ist auch nicht so, dass Sie Problemen oder Schwierigkeiten aus dem Weg gehen sollen. Im Gegenteil: Sollte sich einmal ein Problem oder eine Schwierigkeit in Ihr Leben verirren, gehen Sie sofort darauf zu und lösen Sie sie, denn sie sind ein Zeichen von Mangel, der in Ihrem Leben nichts zu suchen hat. Ihr natürliches Umfeld ist die Fülle, und wo sie nicht von selbst entsteht, schaffen Sie sich diese mit leichter Hand, denn Sie leben von Natur aus in der »Leichtigkeit des Seins.«

Reich zu sein bedeutet nicht, Millionen zu haben, Häuser, Villen und Land zu besitzen. Es kann aber sein, dass Menschen mit Millionen im Hintergrund auch innerlich wirklich reich sind. Nämlich dann, wenn sie sich verantwortlich und liebevoll um ihr Vermögen kümmern und davon sinnvollen Gebrauch machen. Wenn aber Millionäre mit ihrem Geld nicht mit ganzheitlicher Orientierung arbeiten, kann die Geldenergie nicht im positiven und Glück bringenden Sinne fließen. Dann wird die ganze Materie zum krank machenden Ballast, der jede Entwicklung und jedes echte Glück ausschließt.

Reich zu sein bedeutet nämlich, über genügend Mittel für seine Entwicklung zu verfügen, sodass man das lernen und erschaffen kann, was aus dem eigenen Schöpfungspotenzial verwirklicht werden soll, damit nichts brach liegt. Der Mensch ist dazu aufgefordert, seine Kreativität zu entfalten, seine Möglichkeiten auszuschöpfen und seine Entwicklung in jeder Hinsicht zu fördern. Hat jemand jedoch zu wenig finanzielle Mittel, so entgehen ihm unter Umständen wichtige Schritte, die ihn auf seinem Wege weiterbringen könnten. Damit besteht die Gefahr einer Stagnation.

Sie sollten also danach streben, in einem ganzheitlichen Sinn reich zu werden. Und dieses Ziel können Sie unter Umständen genauso gut mit 1500 Euro im Monat erreichen, wie mit 7000 Euro. Es kommt ganz darauf an, was Sie verwirklichen wollen, was Ihre wahre Bestimmung ist.

Geld sollte niemals ein Ersatz für inneren Reichtum sein. Kein Geld der Welt kann Ihnen Liebe, Geborgenheit und Freude ersetzen.

Erst wenn Sie erkannt haben, dass Sie Meister Ihres Lebens sind und damit fähig, alles Gute selbst zu erschaffen, Sie also innerlich reich geworden sind und es sich auch im Außen manifestiert, geben Sie dem Geld den richtigen Stellenwert und gehen richtig damit um.

Manche Menschen haben Angst vor Reichtum und erfinden die sonderbarsten Erklärungen dafür. Leider übersehen sie, dass sich Armut sehr viel störender auf die Lebensqualität auswirkt als wahrhaftig gelebter Reichtum.

Nur über den *spirituellen Umgang mit Geld*, das heißt unter Miteinbezug von Liebevollem, Kreativem und Friedvollem, wird es möglich sein, die Einstellung zu uns selbst, unseren Mitmenschen und der Umwelt zu unserem eigenen und dem Wohl anderer zu gestalten.

Ist Ihnen einmal das »Geheimnis des Reichtums« bekannt, machen Sie kein Aufhebens davon. »Über Geld spricht man nicht – man hat es!« Sie haben Ihr ideales Leben erkannt und verwirklicht, und Ihr ganzes Leben ist eine einzige Einladung, die Freude mit Ihnen zu teilen.

Sind Sie einmal so weit gekommen, dann ist auch das letzte Hindernis beseitigt. Sie gehören zu den Glücklichen, die mit der schöpferischen Imagination umgehen können, und damit können Sie am Ende mit Recht sagen:

»ICH HABE WIRKLICH GELEBT!«

> *Zuerst ist Erfolg ein Ziel,*
> *dann ein Prozess und letztlich ein Zustand:*
> *»Ich bin Erfolg.«*

Eins sein mit sich selbst

Es gibt Augenblicke im Leben, in denen man *vollkommen glücklich* ist: *eins mit sich und der Welt und in Harmonie mit dem Leben.* Diese Momente sind so schön, dass man am liebsten die Zeit anhalten möchte, um in dem Glück zu bleiben, und doch können wir diesen kostbaren Augenblick nicht halten. Ehe wir uns versehen, ist er vorbei, und was uns bleibt, ist die Erinnerung.

Wenn wir uns genau erinnern, erkennen wir, dass jeder dieser Momente einen anderen besonderen Aspekt hatte. Einmal war es die Stille, ein anderes Mal absolute Harmonie oder gar allumfassende Liebe.

Gemeinsam haben diese glücklichen Augenblicke nur, dass wir von einer bestimmten Energie ganz erfüllt waren. Wir waren eins mit dieser Energie, und dieses Einssein, »Heil«-Sein, war es, das uns so glücklich machte.

Wir haben in der *Meditation* einen Weg gefunden, jederzeit in dieses »Einssein« zurückkehren zu können. Einen Weg, der so einfach ist, dass wir uns kaum getrauen, ihn Weg zu nennen, und doch kann ihn jeder jederzeit gehen und erreicht das Ziel –

Es wurde uns bewusst, dass uns alle Energien, die wir zum vollkommenen Ausdruck unseres Lebens brauchen, jetzt und hier zur freien Verfügung stehen, zum Beispiel Gesundheit, Freiheit, Kraft, Bewusstsein, Gelassenheit, Liebe, Erkenntnis, Führung, Fülle, Geduld, Toleranz, Harmonie der Seele, Reinheit des Seins, Psychohygiene, Klarheit des Denkens usw.

Einssein mit sich selbst ist eine Integration einer glücklichen Vergangenheit und einer glücklichen Zukunft. Imaginieren Sie diese Integration.

Die Rückversetzung in die Kindheit

Stellen Sie sich vor, Sie sind noch einmal Kind und erleben sich in einer Situation der damaligen Zeit. Erleben Sie sich in der elterlichen Wohnung und gehen Sie dabei in der Vorstellung in ein beliebiges Alter, oder lassen Sie zu, dass eine beliebige Vorstellung einer damaligen Situation Sie erfüllt.

Lassen Sie die Situation ganz lebendig werden. Vergessen Sie einige Minuten, dass Sie schon älter sind, und seien Sie noch einmal Kind. Erleben Sie Ihre Reaktion, wenn Ihre Mutter hereinkommt, hören Sie zu, was sie Ihnen zu sagen hat, und tun Sie das Gleiche dann mit Ihrem Vater. Machen Sie sich die unterschiedlichen Reaktionen bewusst, und erleben Sie auch die Begegnung mit anderen Leuten in Ihrer Kindheit.

Oder erleben Sie eine bestimmte Situation noch einmal, die Sie vielleicht in Erinnerung haben, wie Weihnachten oder einen bestimmten Geburtstag. Schauen Sie, welche Gäste dabei sind, und erleben Sie erneut in allen Einzelheiten, was geschieht. Anfangs mag Ihnen Ihre Erinnerung helfen, aber bald wird sich das Geschehen selbstständig machen, und Sie erleben Einzelheiten, an die Sie sich nicht mehr hätten erinnern können.

Das kann jeder, und es ist meist auch ganz einfach zu erreichen. So trainieren Sie auf angenehme Weise Ihr bildhaftes Vorstellungsvermögen. Und geben Sie diesen Kindheitserinnerungen durch Versöhnung mit Ihrer Vergangenheit das Siegel des Glücks.

Stellen Sie sich Ihr Traumhaus vor

Ein anderer hilfreicher Weg zur bildhaften Vorstellung ist, sich sein zukünftiges Traumhaus vorzustellen. Das Haus steht für Ihren zukünftigen persönlichen Lebensraum.

Stellen Sie sich vor, Sie stehen davor und schauen es an. Machen Sie sich bewusst, wie groß der Garten ist. Schauen Sie das Gartentor an und gehen Sie hindurch. Während Sie zum Haus gehen, sehen Sie die Pflanzen und Bäume, machen sich bewusst, wie groß Ihr Traumhaus ist, wie viele Fenster es hat und wie die Haustür aussieht.

Dann treten Sie ein. Welchen Eindruck macht die Diele? Und wie sind die einzelnen Zimmer eingerichtet? Gehen Sie auch einmal in den Keller und auf den Speicher und schauen Sie nach, was Sie da vorfinden. Natürlich können Sie in der Imagination auch Änderungen vornehmen. Sie können ganz leicht Wände versetzen und eine andere Einrichtung hinstellen, bis alles wirklich »stimmt«. Das macht Spaß, es kann jeder, und auch dies trainiert Ihre Fähigkeit der bildhaften Vorstellung, bis Sie ganz leicht präzise Bilder schaffen können.

So versetzen Sie sich ebenfalls in den Zustand des Glücklichseins, denn Sie sind im Einklang mit sich selbst, im Fluss, im Hier und Jetzt präsent.

> *Es gibt keinen Weg zum Glücklichsein.*
> *Glücklich sein* ist *der Weg.*

Leben in innerer Freude

Jeder Mensch trägt in sich das Potenzial zu einer ständigen stillen, inneren Freude, und er besitzt die Fähigkeit, diese Freude zum Ausdruck zu bringen.

Diese ständige innere Freude kann gelegentlich auch einen lauten Ausdruck finden, wobei aber ständige laute Freude uns flach werden lässt, während stille innere Freude unserem Sein Tiefe gibt.

Dabei ist es wichtig, dass wir diese Freude auch wirklich fühlen. Viele Menschen haben es sich angewöhnt, ihre Freude nur noch zu denken. Aber erst das gefühlsmäßige Erleben der Freude erfüllt uns wirklich mit diesem Zustand.

Ich kann einmal mehr Bewusstsein darauf richten, was ich in diesem Augenblick gerade fühle. Kann die ständige Veränderung meiner Gefühle achtsam wahrnehmen. Dabei werde ich feststellen, dass diese Gefühle nicht unbedingt einen Anlass haben.

Wir haben uns angewöhnt, uns nur dann zu freuen, wenn ein entsprechender Anlass vorliegt. Wenn das Wetter besonders schön ist oder eine angenehme Situation vor uns liegt. Wir haben verlernt, uns einfach ohne jeden Anlass zu freuen, denn Grund genug haben wir ständig zur Freude. Allein schon wieder die »Ästhetik des Handelns« zu entdecken, die zum Beispiel die Japaner mit der Teezeremonie vollkommen zum Ausdruck gebracht haben. Indem ich mich einfach ganz auf das einlasse, was ich gerade tue, bekommt dieses Tun eine Tiefe, eine Bedeutung und erzeugt diese stille innere Freude.

> *Glückseligkeit ist kein Gefühl,*
> *sondern eine Daseinsform.*

Aber nicht nur zu handeln, sondern allein schon zu SEIN ist Anlass genug für eine ständige, tiefe Freude. Sich einmal bewusst zu machen, dass man ewig ist. Welten können kommen und gehen, sich wandeln, ich aber BIN, ganz gleich, was im Außen geschieht. Ich kann das ernst oder traurig erleben oder erfüllt von dieser ständigen tiefen, inneren Freude, die keinen besonderen Anlass braucht, denn Grund genug dafür ist mein SEIN.

Natürlich kann ich mich auch absichtlich erfreuen, indem ich einem anderen eine Freude oder ein Geschenk mache. Das muss nichts sein, was Geld kostet, und kann doch etwas ganz Wertvolles sein, ein Kompliment, eine Anerkennung. Ich kann jemandem Zeit schenken, Aufmerksamkeit oder »einfach« meine Liebe. Ich kann mich selbst ganz bewusst ständig bereichern, indem ich andere beschenke und mir selbst damit eine Freude mache.

Ich kann mir ebenso gut direkt eine Freude machen, indem *ich mich einmal verwöhne*, mir Zeit nehme für ein gutes Buch, Musik höre, ein Bad nehme oder gemütlich essen gehe, vielleicht mit Freunden. Indem ich gute Gedanken denke oder meine Aufmerksamkeit auf diese innere Freude richte und mich an meiner eigenen Freude erfreue. Ich kann aber meine Aufmerksamkeit auch darauf richten, welche Freude mir das Leben gerade macht, und ich erkenne, dass das Leben mir im Laufe eines jeden Tages unzählige Freuden bereitet, die ich sonst nicht beachtet hätte.

Genau genommen macht mir das Leben in JEDEM Augenblick eine Freude, ich muss sie nur wahrnehmen. Ich nehme sie wahr, wenn ich mir einmal bewusst mache: »Welche Freude macht mir das Leben in DIESEM Augenblick.« Oft sind es sogar mehrere Freuden gleichzeitig. So könnte Freude ein Teil meiner Persönlichkeit werden und ein ständiger Begleiter in meinem Leben, der mich ALLES, was geschieht, intensiver und mit mehr Freude erleben lässt.

Mit der Zeit lerne ich vielleicht sogar, mich an Unangenehmem zu erfreuen, einfach an ALLEM, was gerade geschieht. Lerne, mich an allem bedingungslos zu freuen und so in dieser ständigen stillen, inneren Freude zu leben, die mich durch mein Leben begleitet.

Ich kann mich auch ganz bewusst an meinem Partner erfreuen, an meinem Kind, meiner Familie, meinen Freunden, meinem Beruf, meiner Gesundheit. Ich erkenne, dass die Möglichkeiten, mein Leben und meine Zukunft zu gestalten, in jedem Augenblick grenzenlos sind. Ich kann mir voller Freude bewusst machen, WOMIT ich diesen Augenblick am liebsten erfüllen möchte, um ihn voller Freude zu genießen. Dabei erlebe ich, dass gerade diese ständige stille, innere Freude Anlass gibt zur Freude, mein Leben froher und reicher macht. Und so entsteht wiederum immer mehr Lebensfreude aus dieser inneren Freude, unabhängig von irgendwelchen Umständen.

> *Das Glück liegt in jedermanns Reichweite,*
> *aber viele greifen aus Faulheit nicht danach:*
> *Die Anstrengung sei zu groß. Was für ein Pech!*

Aber es ist wichtig, darauf zu achten, *diese Freude nicht nur zu denken, sondern wirklich zu fühlen*, mich zu freuen, indem ich die Freude immer tiefer und intensiver fühle.

Ich kann das praktisch üben, indem ich mein Bewusstsein auf etwas Unangenehmes richte und gleichzeitig in dieser tiefen, inneren Freude bleibe. Mir bewusst mache, wie unbedeutend dieses Unangenehme eigentlich ist, dass es nicht darauf ankommt, ob mir Dinge angenehm oder unangenehm sind, sondern es kommt darauf an, alles bedingungslos und intensiv zu erleben, sich ganz darauf einzulassen.

»Angenehm» oder »unangenehm« ist nur ein Urteil,

das ich jederzeit ändern kann. Der Sinn ist, Leben in seiner ganzen Tiefe zu erfahren, ganz gleich, was gerade im Außen geschieht. Darüber hinaus habe ich als Schöpfer ja ohnehin jederzeit die Möglichkeit, einzugreifen und die Dinge nach meinen Wünschen zu gestalten. Aber ich kann das Leben auch einfach nehmen, wie es kommt, und voller Freude genießen. Dann werde ich erfreut erleben, dass diese Änderung meiner Grundhaltung mein ganzes Leben verändert. Denn nach dem Gesetz der Resonanz geschehen allein dadurch ganz andere Dinge in meinem Alltag, dass ich schon durch diese Veränderung noch mehr Freude in mein Leben ziehe.

Was meine Freude behindert oder verhindert, ist ein meist unbewusster Glaubenssatz, zum Beispiel, dass Freude einen Anlass braucht. Wie viel schöner könnte unsere Lebensqualität sein, wenn es uns gelänge, ständig in dieser stillen, inneren Freude zu sein! Letztlich kann ich mich sogar über meine Freude freuen, kann mich von meiner eigenen Freude verwandeln lassen und so immer mehr der werden, der ich eigentlich bin, so, wie ich von der Schöpfung »gemeint« bin.

> *So wird die Freude,*
> *von der ich mich führen lasse,*
> *zu einem Weg zu mir selbst.*

Gipfelwege zu
einem erfüllen Leben

Erfüllung kann ich nur finden, wenn ich meinen individuellen Lebensweg gefunden habe und ihn auch gehe, wenn ich meine Lebensaufgabe erkannt habe, annehme und erfülle. Dabei muss ich mich entscheiden, ob ich den sichersten, den schnellsten oder den angenehmsten Weg wähle, und jeden dieser Wege kann ich auf ganz verschiedene Art gehen.

MAN KANN DEN LEBENSWEG
MIT EINER BERGBESTEIGUNG VERGLEICHEN.

Ich befinde mich zunächst in einem engen Tal, mehr oder weniger entfernt vom Fuß des Berges. Das heißt, mein Bewusstsein ist noch nicht erwacht und gleicht einem engen Tal mit sehr begrenztem Horizont. Will ich zum Berg, also mich dem Bewusstsein nähern, kann ich von meinem Standort aus nur in eine bestimmte Richtung gehen. Ich muss also zunächst einmal »zu Bewusstsein kommen«, erst dann kann ich *mein Bewusstsein erheben, mit der eigentlichen Bergbesteigung beginnen.*

Habe ich mich so auf den Weg zu mir selbst gemacht und bin »zu Bewusstsein gekommen«, beginnt der Aufstieg. Nun muss ich die Richtung, den Weg und mein Tempo bestimmen. Ich kann rechts herum oder links herum gehen, und obwohl es entgegengesetzte Richtungen sind, gelange ich in beiden Richtungen zum gleichen Ziel. Ich kann sogar auf der direkten Route durch die Wand auf den Gipfel gelangen. *Wir alle sind, sobald wir erwacht sind, auf dem Weg zum Gipfel, zum Höchsten Bewusstsein.*

Aber was geschieht, wenn wir anderen begegnen? *Wir streiten uns womöglich, weil jeder meint, nur seine Route könne die richtige sein*, schließlich kommen wir ja gerade aus der Richtung, in die der andere gehen will, und natürlich halten wir auch unser Tempo für das einzig richtige, denn wer schneller geht, der wird nur vor dem Ziel müde, und wer langsamer geht, der kommt erst gar nicht dorthin. Solange wir uns aber streiten und uns gegenseitig aufhalten, kommt keiner ans Ziel. *In Wirklichkeit führt jeder Weg früher oder später zum Gipfel, wenn wir ihn nur konsequent zu Ende gehen.*

Es gibt gut ausgebaute Wege mit Sicherungen an den gefährlichen Stellen, und es gibt schmale Pfade, die unsere ganze Aufmerksamkeit und Kraft erfordern. Es gibt auch die bequeme Möglichkeit der Bergbahnen, die in unserem Bild den verschiedenen Kirchen entsprechen, und die individuelleren Sessellifte, die die unzähligen Sekten symbolisieren. *Hier ist der Aufstieg zwar bequem, aber ich erreiche so immer nur die Bergstation und nie den Gipfel.*

Die letzten Schritte der persönlichen Gotteserfahrung muss ich selbst machen und dazu natürlich die Bergbahn oder den Sessellift verlassen.

Es kann allerdings vorkommen, dass ich zwar aussteige, aber über der schönen Aussicht meine »Gipfelsehnsucht« vergesse oder gar glaube, schon am Ziel zu sein. Deshalb ist es *hilfreich, einen Bergführer zu nehmen*, der den Weg aus eigener Erfahrung kennt, weil er den Gipfel schon mehrfach erstiegen hat. Wenn ich den Berg ein Stück erstiegen habe, kann auch ich schon anderen, die noch nicht so weit gekommen sind, zum Führer werden, denn *im Grunde sind wir alle Geführte und Führer zugleich.*

Je näher wir dem Gipfel kommen, desto stärker weht der Wind, aber umso stärker wird auch die Sehnsucht, und letztlich lassen wir uns durch nichts mehr aufhalten, kennen nur noch das Ziel, endlich den Gipfel zu erreichen.

Haben wir das Ziel endlich nach vielen Mühen erreicht, erkennen wir jedoch, dass wir uns nun nicht auf unseren Lorbeeren ausruhen können, denn wer dies tut, der trägt den Lorbeerkranz an der verkehrten Stelle. Vielmehr erkennen wir, dass der Weg das Ziel ist und das Ziel nur das Ende des Weges. Also machen wir uns wieder auf den Pfad nach unten, um den vielen zu helfen, die den Weg zum Gipfel noch nicht gefunden haben.

Wir haben dann unsere individuelle Lebensaufgabe erfüllt und können nun einen angemessenen Teil der

allgemeinen Menschheitsaufgabe übernehmen, denn der
Weg ist erst beendet, wenn ALLE *auf dem Gipfel ange-*
kommen sind.

Jeder trifft so auf seinem Weg zum Gipfel immer
wieder einmal einen solchen Bergführer, der ihn
ein mehr oder weniger großes Stück zum Gipfel
führt. Und begegnen sich Bergführer untereinan-
der, dann erkennen sie sich natürlich und tauschen
ihre Erfahrungen aus, um so den ihnen Anvertrau-
ten immer besser helfen zu können. Dann macht
sich jeder wieder auf seinen Weg.

> *Um zur Quelle zu kommen,*
> *muss man gegen den Strom schwimmen.*

Die Erfüllung meines Lebens

Lassen Sie uns Gedanken darüber machen, was der Sinn des Lebens ist, wie es zu erfüllen ist. Wenn ich jeden Tag, jede Stunde, jeden Augenblick erfülle, dann wird auch das Leben erfüllt sein. Was ist also das wirklich *Wesentliche* im Leben?

Zu Bewusstsein kommen

Geld, Besitz, Macht, Anerkennung, unsere Familie und unsere Freunde, alles werden wir hier auf der Erde zurücklassen.

Das Einzige, was wir mitnehmen, ist unsere Reife, die Summe aller von uns gelösten Aufgaben. Wir sind nackt gekommen und werden nackt gehen. Unsere geistige Entwicklung ist alles, was uns von einem langen Leben bleibt. Und es wird das Erbe sein für ein neues Leben.

Erkennen Sie, was die Hauptaufgabe in Ihrem jetzigen Leben ist? Warum haben Sie sich zu diesem Leben entschlossen? Welches Spiel wollen Sie spielen, welche Aufgabe lösen? Werden Sie am Ende Ihres Lebens »in die nächste Klasse« aufsteigen oder Ihr jetziges Leben wiederholen müssen?

Den Augenblick und die Sehnsüchte erfüllen

Wir nutzen die Chance, die uns das Leben bietet, nur dann optimal, wenn wir wirklich *jeden Augenblick* erfüllen.

Das heißt *ganz bewusst* sein: wahrnehmen, was jetzt ist. Die Aufgabe erkennen, die uns das Leben jetzt stellt, die Chance, die es uns gerade in diesem Augenblick bietet, aber auch das Geschenk, das es uns jetzt machen möchte. Das Lächeln eines Kindes, das Vertrauen eines Freundes oder eine Erkenntnis. Auch in einer Schwierigkeit, in einem Problem das Geschenk erkennen, denn das Schicksal will uns nur dienen und helfen. Dieser Augenblick ist aber gleich endgültig vorbei und kommt nie mehr wieder, also nutze ich ihn ganz bewusst.

Wir können unser Leben gar nicht zu einem anderen Zeitpunkt erfüllen als IN DIESEM MOMENT!

Fühlen Sie sich jetzt erfüllt?

Das Gegenteil von Erfüllung ist Leere. Alle Sehnsüchte und Süchte wachsen aus der inneren Leere und der Leidenschaft nach Fülle. *Wer den Augenblick erfüllen kann, der wird immun gegen Süchte, der lebt leidenschaftlich seine Sehnsucht.*

Meine Aufgabe erkennen

Ich bin mit einer *bestimmten* Absicht in dieses Leben gekommen. Das ist meine *Bestimmung.*

Dafür bin ich optimal vorbereitet und habe alle Voraussetzungen mitgebracht, die ich dazu brauche. *Also nehme ich wahr, was das Leben von mir will, anstatt nur immer zu fragen, was ich vom Leben will.* Ich erkenne meine Aufgabe, meinen Weg und mein Ziel, nehme sie an und erfülle sie.

Es gibt keinen »richtigen Weg« für alle Menschen (und alle anderen seien falsch), sondern *jeder hat seinen ganz persönlichen Weg, den nur er erkennen und gehen kann.*

Der Kompass auf meinem Weg ist der Grad an FREUDE und GLÜCK. Auf dem eigenen Weg zu sein macht Freude und schafft Glückseligkeit. Dabei verwirkliche ich Einzigartigkeit und Originalität. Ich bin keine Kopie irgendeines anderen, sondern DAS ORIGINAL.

Sind Sie auf Ihrem Weg? Wann machen Sie sich auf diesen Weg? Sehen Sie in diesem Buch den Wegweiser, der Sie auf Ihren Weg bringt? Sind Sie bereit, ihn auch zu gehen?

Selbstverwirklichung

Ich erkenne *mein »Wahres Selbst«* und lasse seine Vollkommenheit durch mich *wirken*. Ich erkenne, dass Selbstverwirklichung nicht ist, zu tun, wozu ich gerade Lust habe, denn dann bin ich nur der Sklave meiner Lust. Selbstverwirklichung vollzieht sich auch nicht auf Kosten anderer, denn sie hat nichts mit Egozentrik zu tun. Ich verwirkliche mich nur, indem ich das Selbst und die Seele anderer wahrnehme, respektiere und fördere.

Ich übergebe meinem »Wahren Selbst« das

Steuer über mein ganzes Tun und Sein und verwirkliche so wahre Selbstbeherrschung. Ich entwickle mich, damit sich mein »Wahres Selbst« entfalten kann, und mein Leben spiegelt mein Sein wider.

Der Weg, mich von meinem »Wahren Selbst« führen zu lassen, ist die Intuition. Dazu gehören mein Gewissen, meine innere Stimme, meine Seele, mein »Innerer Meister«, meine Inspiration, meine Einfälle und Geistesblitze, alle Zu-Fälle, die mich umgeben.

Diese Kommunikation mit meinem »Wahren Selbst« ist keine Einbahnstraße, in der ich nur empfange, nur hören und zu gehorchen habe. Ich lasse mich aber führen.

Ich kann um Hilfe bitten, Fragen stellen – und werde immer eine Antwort bekommen. Und es liegt an mir, ob ich die Antworten verstehen und mich führen lassen will. Mein »Wahres Selbst« respektiert doch immer meinen freien Willen.

Haben Sie Zugang zu Ihrer Intuition und Ihrer Seele. Lassen Sie Ihr Herz sprechen? Leben Sie nicht nur nach der Intelligenz Ihres Verstandes, sondern auch derjenigen Ihres Herzens?

Der Tod als Krönung des Lebens

Ich prüfe immer wieder einmal, ob ich auf die letzte Prüfung des Lebens wirklich vorbereitet bin, tue, was noch zu tun ist, und lasse los, woran ich noch gebunden bin, meine Familie, meinen Besitz usw.

Loslassen heißt nur die Bindung auflösen und mich an allem erfreuen, solange es da ist – und ich werde frei sein. Ich gehe gelassen durchs Leben und bin bereit, in jeder Minute zu gehen.

Tief im Inneren weiß ich, dass nichts außerhalb meiner selbst bestimmt, wann und wie ich sterbe. Es ist meine Seele, die entscheidet, wann Sie aus meinem Körper austritt, wann sie das Leben als erfüllt sieht oder als für diese Zeit hoffnungslos geworden.

Je mehr ich mit meiner Seele in Kontakt bin, desto mehr verliere ich die Angst vor dem Tod. Umgekehrt gilt: Den Tod zu verdrängen bedeutet Entfremdung von meiner Seele.

Durch meine Seele und meinen Tod als Krönung meines Lebens werde ich erst *richtig lebendig*. Sie lehren mich das Leben.

Haben Sie sich mit Ihrem Tod versöhnt? Vertrauen Sie Ihrer Seele, dass sie den richtigen Zeitpunkt weiß?

> *Das Leben kommt nicht zu uns,*
> *solange wir nicht selbst leben.*

Die Schritte der schöpferischen Imagination

Alles, was Sie denken und glauben können, das können Sie auch erreichen. »Bittet, um was ihr wollt, glaubt nur, dass ihr es erhalten habt, und es wird euch werden«: Wir können dieses Gesetz wegen seiner vollkommenen Formulierung nicht oft genug wiederholen.

Die Schritte dazu sind im Folgenden noch einmal zusammengefasst:

1. Erkennen Sie den unerwünschten Umstand, übernehmen Sie die Verantwortung dafür und damit *die »Macht der Veränderung«*.
   Formen Sie diesen Zustand sofort imaginativ um in den »erwünschten Endzustand«: Wie hätten Sie es denn gern? Was ist Ihr Traum, Ihr Wunsch, Ihre Vision, Ihre Absicht?
2. Nach dem *Gesetz der Resonanz* müssen dann die Eigenschwingung und die Zielschwingung in Einklang gebracht werden. So vermeiden Sie, dass der »erwünschte Endzustand« aus einem Mangelbewusstsein heraus gesehen wird.
   Bringen Sie sich also in die Schwingung des Ziels, indem Sie *von diesem Ziel Besitz ergreifen.*

Bevor Sie beispielsweise ein »idealer Partner« werden können, müssen Sie es (mental) bereits sein.

3. Mit anderen Worten: Der erwünschte Endzustand wird so *in die Gegenwart versetzt*. Er ist kein Traum mehr, sondern Wirklichkeit: »Ich HABE das Gewünschte – es ist gelöst, geschehen, vollbracht.« Denn *nur in der Gegenwart* kann Wirkung verursacht werden, funktioniert Schöpfung.

4. Versetzen Sie sich dann imaginativ in die Erfüllung und erleben Sie sie dort. *So verbinden Sie sich mit dem erwünschten Endzustand*, fühlen sich in diesem Zustand wohl, können sich darin mit allen Sinnen identifizieren. Das passt zu Ihnen, gehört zu Ihnen.

5. Stellen Sie wirklich sicher, dass es sich natürlich und zu Ihnen gehörig anfühlt. Spüren Sie, dass es so »stimmt«. *Vor allem: Fühlen Sie sich wert, die Erfüllung JETZT erhalten zu haben*. Führen Sie sich immer vor Augen: »Das Leben kann mir nichts geben, das ich mir selbst versage.«

6. Durch Identifikation mit dem erwünschten Endzustand nehmen Sie diesen geistig in Besitz. Probieren Sie dabei die verschiedenen Situationen in der Erfüllung wie ein neues Kleidungsstück an und machen Sie so den erwünschten Endzustand *zu Ihrer geistigen Realität*. Bis Sie ehrlich zu sich sagen können: Es ist vollbracht!

7. Fügen Sie den erwünschten Endzustand imagi-

nativ *in Ihre individuelle Zeitlinie* ein und machen Sie ihn dort fest.

Vom Ziel aus schauen Sie auf der individuellen Zeitlinie entlang zurück zum JETZT und »erinnern« sich so, wie Sie alle zur Erfüllung erforderlichen Ereignisse hervorgerufen und erzeugt haben. Sehen Sie vor Ihrem geistigen Auge, was Sie getan haben, um Ihren Traum zu verwirklichen!

8. In der *Gewissheit des Glaubens*, dass es geschehen ist, erzeugen und halten Sie die Energie des erfüllten Wunsches, bis die Erfüllung »in Erscheinung getreten« ist.

   Jedes Mal, wenn Sie noch an die Erfüllung denken (»Wann kommt es denn?«), vertiefen Sie die Gewissheit des Glaubens und erfüllen sich mit Freude und Dankbarkeit, dass es geschehen ist – das denken Sie nicht nur, sondern spüren und fühlen es.

9. *Nun ist die Bestellung aufgegeben, es gibt nichts mehr zu tun.* Es ist nur noch eine Frage der Zeit, wann »das Bestellte« vom Leben gebracht wird. Also die Bestellung vollkommen loslassen, einfach vergessen und geschehen lassen.

Die Anwendung der Bejahung ist jedem selbstbewussten und zielorientierten Menschen eine Selbstverständlichkeit. *Eine Bejahung besteht aus einem sinnvollen Einklang von Gedanken, Worten und Gefühlen.* Wenn wir Gedanken, Worte und Gefühle in Einklang bringen, werden wir magnetisch, und die Macht der Gedanken konzentriert sich nur noch auf das eine Ziel.

Werden wir einmal für die aufgewendeten Energien mit Erfolg belohnt, neigen wir dazu, begeistert zu sein, was uns wiederum anspornt, sofort ein neues Ziel ins Auge zu fassen.

Daraus ergibt sich eben, dass erfolgreiche Menschen ständig in einem *Erfolgsrausch* leben. Es ist ein – wohlverstandenes – Gefühl der Macht, seiner Schöpfungskraft bewusst zu sein und sie anwenden zu können.

Ein Mensch jedoch, der es nur einmal halbherzig probiert, wird logischerweise nicht zum Erfolg kommen und sofort aufgeben. Er gehört dann zu denjenigen, die in der Öffentlichkeit die Meinung vertreten, dass das alles Humbug sei und sowieso nicht funktionieren kann. Er merkt selber nicht, dass er gerade wieder den perfekten Gegenbeweis seiner eigentlichen These erbracht hat. *Er ist davon überzeugt, dass es nicht funktioniert, und das Leben hat ihm vollkommen Recht gegeben.* Er ist auch ein perfekter Schöpfer des »Funktioniert nicht!«, nur richten sich seine Wirkungen gegen sich selbst.

Daraus ergibt sich aber auch die Lehre, dass das Leben uns keine Geschenke macht.

Wenn einer arm ist und *bittet*, reich zu werden, wenn einer krank ist und bittet, gesund zu werden, wenn einer einsam ist und um eine erfüllende Partnerschaft bittet, *wird nichts passieren.*

Das Leben lässt sich nicht bitten und interessiert sich überhaupt nicht dafür, wie gut oder schlecht es einem

Menschen geht. Es ist nicht barmherzig, drückt kein Auge zu, hat keine Vorlieben. Es ist einfach gerecht.

Wir haben einen freien Willen, und das Leben sagt: »Schöpfe, was immer du willst. Aber stehe auch dazu! Und lerne, wenn es nicht funktioniert und du es besser machen willst. Du hast so viele Versuche, wie du willst und brauchst. Niemand setzt dich unter Druck oder beurteilt dich. Was immer du machst, es ist okay. Es ist einfach nur deine Entscheidung, was du machst. Dein freier Wille!«

Wenn etwas im Leben verändert werden soll, dann gibt es nur die »schöpferische Imagination«: Wir ballen Wunsch, Gedanken, Visionen, Träume, Worte und einen felsenfesten Glauben zu einem machtvollen »Energiebündel« und erreichen damit alles, was wir wollen.

Die Qualität, die Quantität und die Geschwindigkeit der Wunscherfüllung ist immer abhängig von der Größe des »Energiebündels«. Daraus erkennen wir, dass das Leben uns sogar noch die Möglichkeit bietet – bildlich gesprochen –, zu Fuß, mit dem Fahrrad oder mit dem Auto ans Ziel zu gelangen. Auch das ist unsere Entscheidung.

> *Inspiration ist ein Zustand,*
> *bei dem Herz und Verstand am*
> *gleichen Strang ziehen.*

Die hohe Schule der schöpferischen Imagination

Das universelle Prinzip
der spirituellen Manifestation

Die letzten Seiten des Buches sind ein Ausblick auf die »hohe Schule der Manifestation«. Wir haben bisher die schöpferische Manifestation und Imagination als einen *konkreten Schöpfungsakt* betrachtet. Wie erreiche ich ein *bestimmtes* Ziel, verwirkliche ich einen *bestimmten* Wunsch? Was manifestiere ich aus meinem *freien Willen*?

Die hohe Schule der spirituellen Manifestation ist, *Schöpfung ständig geschehen zu lassen. Schöpferisch handeln, ohne dabei eine Absicht zu verfolgen. Tun im Nichtstun. Im Fluss der Schöpfung zu SEIN.* Wirken nicht durch Tun, sondern durch SEIN.

Hier sind wir als Meisterinnen und Meister in der Lage, *das Leben für uns andere wirklich zu meistern.*

Voraussetzung dafür ist, in der »Identifikation mit mir selbst« zu SEIN und zu bleiben und mir bewusst zu machen, wer ich wirklich bin, mein wohlverstandenes

»SELBST-BEWUSST-SEIN«

zur höchsten Entfaltung zu bringen:

1. Ich mache mir die »Eine Kraft« bewusst, die all-umfassend und allmächtig ist: Die »Eine Kraft« ist wie das Wasser eines Ozeans mit einer für einen Wassertropfen unvorstellbaren Größe.
2. Ich erkenne mich *als Teil* der »Einen Kraft«: Ich bin ein Tropfen des Ozeans, bin als Tropfen, der kurzfristig aus dem Ozean schäumt, scheinbar getrennt vom Ozean. Meine Trennung als Tropfen vom Ozean ist aber nur eine Illusion. Ich bin wirklich ein »In-dividuum«, ein »Un-teilbarer«.
3. Mit dem Bewusstsein, ich bin die »Eine Kraft«, strebe ich als Tropfen wieder die Verschmelzung mit dem Ozean an. Wenn ich als Tropfen wieder in den Ozean eintauche, bin ich dann »tot«? Meine Substanz und Seele ist in der Verschmelzung mit dem Ozean nicht verschwunden, sondern nur meine kurzzeitige Form als Tropfen.
4. Wenn ich dann meine Schöpfungskraft fließen lasse, dann bin ich wieder zurück im Ozean und wirke selbst als Ozean! Ich bin wieder die All-macht des Ozeans.

Im Meisterbewusstsein gibt es keinen Mangel mehr, wohl aber Dissonanzen, Disharmonien, Unstimmigkeiten.

Diese gilt es durch gerichtete Aufmerksamkeit und Achtsamkeit wahrzunehmen und in Harmonie und Stimmigkeit zu wandeln.

Meisterbewusstsein prüft ständig, ob das Motiv der Wandlung im Ego-Willen oder Schöpfungs-willen begründet ist. Dabei gilt es nicht, den Eigenwillen dem Schöpfungswillen unterzuordnen, sondern beides in Einklang zu bringen. Meister-haft handeln heißt immer, schöpfungsgerecht zu handeln.

So wird der Glaube auch zu einer unerschüt-terlichen inneren Gewissheit, dass man sich keiner Grenze mehr beugen muss.

Manifestieren aus diesem Schöpferbewusstsein bedeutet:

- Ich nehme aus meinem SEIN eine Disharmonie wahr. In einem liebevollen Blick darauf erkenne ich das Potenzial der Harmonie in dieser Situation. So erkenne ich, dass es nichts (keinen unerwünschten Zustand) zu bekämpfen gilt, sondern Disharmonie durch Liebe in Harmonie gewandelt werden kann. Durch mein Meisterbewusstsein erkenne ich das Wesen hinter dem Schein, das potenziell Harmonische im Disharmonischen.
- Ich richte Bewusstsein, Achtung und Achtsamkeit auf den erwünschten »Endzustand«, die zu schaffende (relative) Harmonie und Vollkommenheit.
- Ich gehe »in die Energie« der zu schaffenden Harmonie und Vollkommenheit. Ich bringe mein MEISTER-SEIN mit dem neuen, meisterhaften Zustand in Resonanz.
- Ich »erlebe« diese neue Qualität des Seins, erlebe

die Freude und Dankbarkeit, spüre die Energie der Erfüllung.

- Ich erlebe auch die Konsequenzen und Folgen der Erfüllung nicht nur für mich, sondern auch für andere. Ich sehe, dass dieser neue »Zustand« ein Segen für alle Beteiligten ist.
- Ich lebe in der »Gewissheit der Erfüllung«: Es ist geschehen, es ist vollbracht.
- Ich prüfe, ob das Bewirkte wirklich *erfüllend* ist, für den Zustand *vollkommen, die beste aller Möglichkeiten.*
- Ich halte die »Energie des erfüllten Wunsches« aufrecht, bis ich spüre, dass es vollbracht ist.
- Ich erlebe, dass es JETZT geschehen ist. Es ist als Energie schon DA, wenn auch noch nicht sichtbar materialisiert bzw. manifestiert. Im Grunde ist nichts mehr zu tun, sondern nur noch geschehen zu lassen.
- Von der Identifikation mit dem erwünschten Endzustand aus »er-innere« ich mich, wie das hervorgerufene Ziel sich in allen Einzelheiten manifestiert. Was geschieht alles, bis es eine feste Realität, eine Tatsache geworden ist?
- Ich »sehe«, was zur Erfüllung geführt hat.
- Ich erlebe, wie ich es jemandem erzähle, wie ich diese Schöpfung vollbracht habe.

> *Meisterinnen und Meister sind jene,*
> *die sich nur für die Liebe entscheiden –*
> *in jedem Moment und unter allen Umständen.*

- Dabei »verschmelze« ich ganz mit der Erfüllung, dem Ziel durch die Resonanz des SEINS.
- Ich tauche immer wieder ein in die Energie der »Gewissheit der Erfüllung« und erhalte sie.
- Ich tauche ein in die Freude und Dankbarkeit, erlebe, wie es nach der Erfüllung weitergeht.
- Ich sehe, wie ich und andere glücklich und zufrieden in der Erfüllung leben.
- Ich nehme die Erfüllung ganz in Besitz, gestatte dem Leben, es außen in Erscheinung treten zu lassen.
- Ich fühle mich wert, es JETZT in Empfang zu nehmen.
- Ich tue im Außen, was möglicherweise noch zu tun ist, lebe dankbar in der Erfüllung, so oft und so lange wie möglich!

> *Glaube nicht,*
> *dass nur der Tropfen zum Ozean wird,*
> *auch der Ozean wird zum Tropfen.*
>
> RUMI

Urteile nie!

Die folgende Geschichte stammt aus der chinesischen Tradition. Laotse soll sie sehr geliebt haben.

Ein alter Mann lebte in einem Dorf. Er war sehr arm, aber selbst Könige waren neidisch auf ihn, denn er besaß ein wunderschönes weißes Pferd. Könige boten phantastische Summen für das Pferd, aber er verkaufte es nie.

Eines Morgens fand er sein Pferd nicht im Stall. Das ganze Dorf versammelte sich, und die Leute sagten: »Du dummer alter Mann! Wir haben immer gewusst, dass das Pferd eines Tages gestohlen würde. Es wäre besser gewesen, es zu verkaufen. Welch ein Unglück!« Der alte Mann sagte: »Geht nicht so weit, das zu sagen. Alles, was ist, ist: Das Pferd ist nicht im Stall. So viel ist Tatsache. Alles andere ist Urteil. Ob es ein Unglück ist oder ein Segen, weiß ich nicht, weil ich nicht weiß, was folgen wird.«

Die Leute lachten den Alten aus. Sie hatten schon immer gewusst, dass er ein bisschen verrückt war. Aber nach fünfzehn Tagen kehrte das Pferd zurück. Es war nicht gestohlen worden, sondern in die Wildnis ausgebrochen. Und nicht nur das, es brachte auch noch zwölf wilde Pferde mit. Wieder versammelten sich die Leute und sagten: »Alter Mann, du hast Recht, es hat sich tatsächlich als Segen erwiesen.« Der Alte entgegnete: »Wieder geht ihr zu weit. Alles, was ist, ist: Das Pferd ist zurück. Ihr lest nur ein einziges Wort in einem Satz – wie könnt ihr das ganze Buch beurteilen?«

Der alte Mann hatte einen einzigen Sohn, der begann die Wildpferde zu trainieren. Schon eine Woche später fiel er vom Pferd und brach sich die Beine. Wieder versammelten sich die Leute, und wieder urteilten sie: »Du hattest Recht, es war ein Unglück. Dein einziger Sohn kann nun die Beine nicht mehr gebrauchen, und er war die Stütze deines Alters. Jetzt bist du ärmer als je zuvor.« Der Alte antwortete: »Ihr seid besessen vom Urteilen. Alles, was ist, ist: Mein Sohn hat sich die Beine gebrochen. Niemand weiß, ob dies ein Unglück ist oder ein Segen. Das Leben kommt in Augenblicken, und mehr bekommt ihr nie zu sehen.«

Es ergab sich, dass das Land einen Krieg begann. Alle jungen Männer des Ortes wurden zwangsweise zum Frontdienst eingezogen. Nur der Sohn des alten Mannes blieb zurück, weil er gebrochene Beine hatte. Der ganze Ort war von Wehgeschrei erfüllt, weil dieser Krieg nicht zu gewinnen war, und man wusste, dass die meisten jungen Männer nicht nach Hause zurückkehren würden. Die Leute kamen zum alten Mann und sagten: »Du hattest Recht, es hat sich als Segen erwiesen.« Der alte Mann antwortete: »Ihr hört nicht auf zu urteilen. Alles, was ist, ist: Man hat eure Söhne in die Armee eingezogen, und mein Sohn wurde nicht eingezogen. Nur das Ganze weiß, ob dies ein Segen oder ein Unglück ist.«

Kurz: URTEILE NIE!

Aus der Illusion
in die Wirklichkeit

Es ist eine Illusion, zu glauben, dass die Welt eine Illusion sei. Es bedeutet nur, dass sie nicht ist, was sie zu sein scheint, und dass *hinter dem Schein die Wirklichkeit steht.* Es gibt *nur diese* Wirklichkeit, und alles, was ist, ist eine Erscheinungsform dieser Wirklichkeit. Die Illusion ist die »Inkarnation der Wirklichkeit«. *Schaue auf die Illusion, und du siehst die Wirklichkeit!* Das bedeutet, einzutauchen in die Welt des wirklichen Seins.

Sobald wir in einer Illusion leben, die nicht mehr unmittelbar aus der Wirklichkeit stammt, entsteht Leid, weil wir uns zu weit von unserer Wirklichkeit entfernt haben. Dies fordert uns auf, wieder zum ursprünglichen Spiel zurückzukehren.

In der Wirklichkeit sind wir unmanifestiert, ewige Existenz, die als reines, eigenschaftsloses Sein in Erscheinung tritt. Dieses eigenschaftslose Sein schafft sich in jeder Inkarnation aus seiner bisherigen Erfahrung und den Prägungen der Umwelt eine Persönlichkeit. Dabei nimmt es durch Identifikation die Eigenschaften an, die auf dem Weg der Erfahrung der eigenen Vollkommenheit hilfreich erscheinen. Diese angenommene Persönlichkeit prägt das jeweilige Werkzeug, den Körper, gibt ihm sein Aussehen, seinen Gesundheitszustand und sein Verhalten.

Wir sind auf dem Weg zu uns selbst, aber wir haben uns aus den Augen verloren. Wir haben vergessen, dass wir uns selbst suchen, und haben uns Ersatzziele verschafft. Verzweifelt suchen wir Freude, Glück und Erfüllung. Doch wir identifizieren uns längst mit der *Illusion des Ichs* und halten daran fest, weil wir glauben, das Gesuchte dort zu finden. *Das aber ist die eigentliche Illusion.*

Alle Probleme dieser Welt entstehen aus der Illusion des Ichs. *Nur ein Ich hat Probleme, ein Selbst kennt keine Probleme.* Dieses Ich bestimmt durch unsere Identifikation auch unser Schicksal, unseren Erfolg und alle Lebensumstände.

Sobald wir erkennen, dass ein Leben in der Illusion des Ichs nie Erfüllung, aber immer Leid bringt, sollten wir in *die Wirklichkeit des Selbst zurückkehren.* Nur dort können wir Erfüllung finden, nur dort herrschen Fülle, Heil-Sein und Vollkommenheit, nur dort findet das wahre Leben statt.

Daher ist es Zeit, aus der Illusion aufzuwachen und zu erkennen, dass wir bereits am Ziel sind, schon immer dort waren, da wir selbst das Ziel sind. Der Suchende ist der Gesuchte. Wenn wir aus dem Bewusstsein des Angekommenseins leben, erkennen wir, dass wir seit ewiger Zeit angekommen sind. *Nur die Identifikation mit der Illusion trennt uns von einem Leben in der Fülle, von unserem eigentlichen Leben.* Jeder Mangel, jede Krankheit, jedes Unheil ist ein

Teil der Illusion des Ichs. Geben wir unsere Identifikation mit dem Ich (dem Ego) auf, beenden wir das Leidvolle, damit das Leben in der Wirklichkeit beginnen kann.

WIR HABEN KEINE AUSREDE,
UNS WEITERHIN DAMIT ZU BESTRAFEN,
IN DER ILLUSION DES ICHS ZU LEBEN UND
DAMIT MANGEL UND LEID ZU VERURSACHEN.
TRETEN AUCH SIE HERVOR –
ALS MEISTER UND MEISTERIN!

Dazu gehört, dass unser ganzes Tun erfolgreich ist, dass *wir selbst zum Erfolg werden*. Denn ganz gleich, ob es um unsere Gesundheit, unsere Partnerschaft, unsere berufliche oder spirituelle Entwicklung geht, wir alle wollen erfolgreich sein. Damit es gelingt, müssen wir jedoch unser Bewusstsein optimieren, denn nur so ist ständiger Erfolg möglich.

Auch hier gilt: *Die Meisterschaft des Lebens findet im Bewusstsein statt und nicht in den Umständen.* Erst wenn wir im Bewusstsein »stimmen«, fügen sich auch die Umstände harmonisch. Erst wenn wir einen gewünschten Endzustand im Bewusstsein geschaffen haben, gestatten wir dem Leben, ihn in Erscheinung treten zu lassen, sich zu manifestieren.

In Wirklichkeit ist alles ganz einfach. Aber nur in der Wirklichkeit – in der Illusion dagegen ist alles kompliziert, undurchsichtig, verwirrend, mangelt es uns an Orientierung.

Das Leben ist ein Spiel, und die verschiedenen Maßstäbe (Glück, Erfüllung, Gesundheit, Geld, Besitz, Macht usw.) zeigen uns, wie erfolgreich wir das Spiel des Lebens spielen.

Leider geben sich noch immer nur wenige Menschen positive Ziele vor, die sie dann auch konsequent verfolgen. Deshalb ist es so wichtig, sich die Fragen nach dem Lebensziel und dem geeigneten, sicheren Weg dorthin eingehend zu beantworten.

SIND SIE BEREIT,
JETZT IHREN WEG ZU GEHEN?

Mein Schöpfer-Bewusstsein:
Ich bin

Als ICH SELBST bin ich auch eins mit dem Informationsfeld des Allbewusstseins. Alle Information steht mir zur Verfügung, und ich erkenne, worauf ich mein Bewusstsein richte. Erkenne die Antwort auf jede Frage, die Lösung jedes Problems. Absolute Fülle umgibt mich an Information, Wissen, Erkenntnis. Wann immer ich dann eine Frage habe, brauche ich sie mir nur bewusst zu machen, und das Leben antwortet. Und ich erkenne, ich habe alles Wissen der Welt, sogar das noch nicht offenbarte, in mir. Dort wartet es seit ewigen Zeiten darauf, dass ein erwachtes Bewusstsein es wahrnimmt.

Ich bin nur noch der stille und dankbare Beobachter des Seins, erlebe dankbar, was geschieht. Ich kann jederzeit mit meinem Leben und dem Sein in einen Dialog treten, kann Fragen stellen, um Führung bitten oder um eine Entscheidung, um ein Signal. Je mehr ich mich aber öffne, je mehr ich ICH SELBST bin, desto schneller reagiert das Leben, bis mir die Antwort bewusst wird, bevor ich die Frage stellen kann. Bin ich dann ganz ICH SELBST, brauche ich keine Antworten mehr, weil die Fragen verschwinden. Das Urteilen verschwindet und wird zur Wahrnehmung. Das Gegenteil verschwindet und wird zur Einheit, zum Teil, der das Eine erst ganz sein lässt. Das Äußere ist nur noch ein Spiegel des sonst unsichtbaren Inneren und damit wieder Teil des Ganzen. Und ich erkenne das Ewige in mir und mich als Teil von ihm, als Teil und als das Ganze. Leben ist nur noch »Begeisterung« und eine Liebeserklärung an das Sein, reine Freude.

Ich lebe ständig in dem Bewusstsein, dass alles, was ist, zu meinem Besten geschieht. Alles will mir nur dienen und helfen, alles ist für mich da. Und mir kann nichts mehr geschehen, denn ICH BIN, ich war immer und werde immer sein, und keine Macht der Welt kann daran etwas ändern. Ich kann auch nichts mehr verlieren, denn ich besitze nichts mehr. Alles ist eine Leihgabe des Lebens, die mir zur Verfügung steht, solange ich sie brauche. Wird sie mir genommen, ist das nur ein Zeichen dafür, dass ich sie nicht mehr benötige, und so lasse ich sie wieder los, um das in Empfang zu nehmen, was ich jetzt brauche. Und immer ist alles da, das Richtige und zur rechten Zeit.

Ich bin eingebettet in die Geborgenheit des Lebens, und das Leben geschieht durch mich. Ich habe erkannt, dass mein wahres Wesen und die Eine Kraft identisch sind, und lebe und handle aus dieser Einheit. Ich habe aufgehört zu suchen, denn ich habe gefunden, habe mich selbst gefunden und bin damit am Ziel. Ich lasse mich von der Freude führen, erfülle den Augenblick und lebe stimmig in der alles durchdringenden Klarheit. Ich ruhe in meiner Mitte – bin reines Sein. Ich besitze nichts, aber bin alles.

Das Finale:
Vom EGO zum SELBST

Alles ist als Möglichkeit schon vorhanden. Sie brauchen es nur »in Erscheinung zu rufen«! *Selbst Erleuchtung ist kein Ziel, sondern ein Anfang.* Alles, von dem Sie denken, dass es Sie ausmacht, trennt Sie in Wirklichkeit von sich selbst. Ziel ist es, vom »Etwas« zum »Alles oder Nichts« zu werden, vom Tropfen zum Ozean.

Vollkommen zu sein heißt, vollkommen zu SEIN! Sie können im Leben alles erreichen. Sie können reich, mächtig, angesehen und beneidet sein, doch wenn Sie SICH SELBST versäumen, haben Sie nichts erreicht. Alles Wollen trennt Sie vom Gewollten. Lernen hingegen bedeutet, sich immer mehr »an die Wirklichkeit zu erinnern«.

Die größte *mentale und spirituelle Selbsttäuschung* lautet: »Ich bin schon weit, vorwärts gekommen, habe an mir gearbeitet.« Das ist häufig ein Ego-Wahn. Wo immer jemand leidet, sucht, will, wünscht, strebt, ist das Ego mit im Spiel. Lassen Sie Ihren Verstand ins Nichts sinken, und Sie sind am Ziel. Alles, was gesagt werden kann, kann falsch sein. Treten Sie durch die »Tür des Augenblicks« und kommen Sie so in der Gegenwart an!

Seien Sie bereit für die ewige Premiere des JETZT. Das Wichtigste, was zu tun ist, ist, aufzuhören zu tun! *Alles »Wohin?« führt weg vom Selbst.* Sobald Sie sich bemühen, hinzukommen, entfernen Sie sich. Es gibt keinen Weg, um dahin zu kommen, wo Sie sind. Erkennen Sie, dass es nichts zu überwinden und nichts zu erreichen gibt.

Der Verwirklichte hat das Bewusstsein seiner wahren Natur zurückgewonnen und ist wieder in seinem ewigen Urzustand. Man wird nicht erleuchtet, man ist erleuchtet, man erinnert sich plötzlich seiner Erleuchtung. *Die »geistige Geburt« bedeutet, dass der Mensch seine bisherige Identität loslässt und zu seiner wahren Identität erwacht.*

Alles Bisherige ist nur Vorbereitung auf das wahre Leben. Der Suchende ist der Gesuchte. Das, was wir *Realität* nennen, ist nur ein kleiner Ausschnitt der *Wirklichkeit.* Kommen Sie deshalb zur »Ein-Sicht«. Der Mensch redet, weil er der wahren Sprache nicht mehr mächtig ist. Lernen Sie deshalb, etwas zu sagen, während Sie sprechen.

Genießen Sie die Ereignisse des Lebens wie Musik. Der geistige Weg ist nur eine Illusion, eine mentale Spielerei. Wollen Sie Gott erreichen, müssen Sie ihn loslassen. Sobald Sie bei sich selbst angekommen sind, sind Sie am Ziel. *Erfüllung ist das Ende des Rades der Wiedergeburt.*

Wirklich spontanes Handeln kommt aus dem Nichts. *Um wirklich frei zu werden, müssen Sie alles loslassen, auch den Wunsch nach Freiheit, Erleuchtung, Vollkommenheit.* Erst wenn niemand mehr da ist, beginnt die wahre Freiheit. Wenn Sie zum Ursprung der Zeit zurückgehen, sind Sie im Nichts – und damit zu Hause. Es gibt kein Etwas mehr und keinen Jemand.

Die »Illusion der Zukunft« liegt wie ein leeres Blatt vor Ihnen, wartet darauf, womit Sie sie erfüllen – mit dem Verstand, dem Ich, Ihrer Persönlichkeit oder mit Ihrem »Wahren Selbst«, Ihrem wahren Sein. Oder hören Sie auf, Eintragungen zu machen, und gehen Sie heim ins Nichts, in die einzige Wirklichkeit.

> *Wir sind alle*
> *Eins.*

Entschließen Sie sich
zu einem neuen Leben!

Am Anfang steht immer eine Entscheidung. Und wahrscheinlich haben Sie sich innerlich bereits entschieden, denn sonst würden Sie dieses Buch nicht in Ihren Händen halten. Irgendetwas in Ihnen sagt: »Mein Leben wird mir jetzt zu eng. Das kann es noch nicht gewesen sein.«

Sie haben nun eine großartige Möglichkeit, ein ganz neues Leben zu beginnen – IHR Leben, die Chance, sich für »sich selbst« zu entscheiden.

Ist Ihnen diese Lebenswende ein ganzes Wochenende wert, vielleicht einen ganzen Urlaub – *eine Zeit, in der Sie sich ganz sich selbst widmen können?* Nehmen Sie sich die Zeit (und die Energie) für diesen »Quantensprung«. Was ist Ihnen ein neues Leben wert? Das sollten Sie jetzt an Zeit und Energie für sich selbst investieren.

Wählen Sie zuerst *Ihr Schicksal*, die Wende in Ihrer Biographie. Fragen Sie sich: Was würde mein Biograph über meine jetzige Lebenswende schreiben? Was Ihnen an Ihrem bisherigen Schicksal gefällt, nehmen Sie mit, was nicht, ändern Sie jetzt: *loslassen, bewahren, erneuern – das ist der Dreiklang der Schöpfung.*

Dann wählen Sie sich *Ihren Körper*, so, wie Sie gemeint sind, und machen sich bewusst, wie er aussieht, wie er ist, was er kann. Dazu wählen Sie sich auch eine neue Gesundheit, machen sich bewusst: Wie sind Ihre Zähne, Ihre Verdauung, Ihre Kraft und Ihre Bewegungen? Empfinden Sie das Wohlgefühl, das Ihren Körper durchströmt?

Nun wählen Sie sich *Ihren Partner*. Als Voraussetzung machen Sie sich bewusst, wie Sie als Partner ab heute sind: Wie verhalte ich mich als Partner? Und wen wähle ich? Mit welchen Eigenschaften?

Sie wählen auch *eine neue Persönlichkeit* für sich aus. Machen Sie sich bewusst, welche Eigenschaften diese neue Persönlichkeit hat. Wie sie sich verhält.

Nun entscheiden Sie sich für *Ihren Beruf als Ihre Berufung*: Werde ich studieren? Was will ich werden? Auf welchem Weg?

Sie gehen einmal in die Erfüllung und prüfen sorgfältig, ob es wirklich das ist, was Sie erfüllt. Ob es Ihrer Aufgabe und Ihrem Weg entspricht.

Dann wählen Sie ganz bewusst *Ihre Lebensaufgabe*, den Sinn und Inhalt Ihres Lebens: Sie entscheiden sich bewusst für den Weg und die Schritte, wie Sie diese Aufgabe erfüllen werden.

Nun entscheiden Sie sich, *in welchem Bewusstsein* Sie Ihren Weg gehen wollen. Wie hoch, wie weit, wie klar ist dieses Bewusstsein? Wie umfassend und wie liebevoll? Wie bewusst ist Ihnen die Einheit mit allem? Erkennen Sie das Höchste in allem, und verhalten Sie sich entsprechend.

Danach entscheiden Sie sich für *Ihren Wohnort*. Welche Stadt oder welchen Ort wähle ich? Und wo dort werde ich wohnen? Wähle ich ein Haus oder eine Wohnung – und wie sieht das aus? Wie ist es eingerichtet?

Dann wählen Sie bewusst *Ihre Hobbys*: Wie erfülle ich meine Freizeit? Und mit wem? Sie gehen in jedes Hobby hinein und prüfen sorgfältig, ob es wirklich zu Ihnen gehört. Ob Sie das sind.

Dann prüfen Sie sorgfältig, ob alle Teile Ihres Seins stimmen. Ob Sie das so sind oder ob Sie einen Aspekt besser ändern sollten.

Dann gehen Sie als neuer Mensch in ein »neues Leben« und leben bewusst als ICH SELBST im HIER und JETZT!

Jeder möchte die Welt verbessern,
und jeder könnte es auch,
wenn er nur bei sich selbst anfangen wollte.

Ich bin auf dem richtigen Weg...

... wenn ich immer wieder mein Leben überschaue und prüfe, was zu ändern ist.

... wenn ich immer wieder in die Stille gehe, um mein Gemüt zu klären und meinen Blick für das Wesentliche zu schärfen.

... wenn ich erkenne, dass es nicht wichtig ist, an welchem Platz ich im Leben stehe, sondern nur, wie ich ihn ausfülle.

... wenn ich jedem Menschen gestatte, so zu sein, wie er nun einmal ist, und ihm von vornherein alles vergebe, was immer er auch tun mag.

... wenn ich erkenne, dass niemand mich ärgern, kränken, beleidigen, enttäuschen oder verletzen kann, nur ich selbst, und dass ich es jederzeit auch lassen kann.

... wenn ich in jedem Menschen die Wirklichkeit hinter dem Schein, die inkarnierte Gottheit erkenne und achte.

... wenn ich aus meinem Leben einen Dienst am Nächsten mache und, ohne mich einzumischen oder Aufhebens davon zu machen, der Gemeinschaft diene.

... wenn ich mich nicht mehr mit der Rolle identifiziere, die ich hier auf dieser Welt spiele, sondern meinem »Wahren Selbst« die Führung übergebe und mehr und mehr die Vollkommenheit meines wahren Seins in meinem Leben zum Ausdruck bringe.

... wenn ich die Gesetze des Lebens, die die großen Meister überliefert haben, erkenne und beachte und so mein geistiges Erbe antrete.

... wenn ich meinen Körper als den Tempel Gottes rein halte und alles Tun als etwas Heiliges betrachte, sodass mein ganzes Leben zum Gebet wird.

... wenn ich erkenne, dass ich selbst mein Schicksal verursache und dass Gott will, dass ich gesund und glücklich bin.

... wenn ich erkenne, dass wir nicht für unsere Sünden bestraft werden, sondern von unseren Sünden, und dass es weder unverdientes Glück noch unverdientes Leid gibt, sondern nur Ursache und Wirkung.

... wenn ich in jeder Krankheit den Partner erkenne, der mir hilft zu verstehen, wo ich die Ordnung gestört habe, und diese Aufforderung dankbar nutze, die Ordnung wieder herzustellen, und weitere Krankheit durch mein erhöhtes Bewusstsein überflüssig mache.

... wenn ich erkenne, dass der Mensch als Mitschöpfer berufen ist und ich Gott bewusst durch mich wirken lasse.

... wenn ich meine Aufmerksamkeit mehr und mehr nach innen richte, auf die ewigen Werte, und danach trachte, sie zu mehren, und gleichzeitig alles Äußere loslasse.

... wenn ich erkenne, dass der Tod die Krönung des Lebens ist und ich es selbst in der Hand habe, leicht zu sterben, indem ich vorher alles Äußere loslasse.

... wenn ich weiß, dass ich in Wirklichkeit reines Bewusstsein bin und daher weder geboren werden noch sterben kann. Welchen Tod also könnte ich fürchten?

... wenn ich erkenne, dass das, was wir ein Leben nennen, nur ein Tag meines ewigen Seins ist.

... wenn ich jeden Tag so lebe, als sei es mein letzter, und in jeder Minute bereit bin zu gehen.

... wenn ich auch meine äußeren Angelegenheiten so regle, dass mein Gehen anderen keine zusätzlichen Probleme schafft.

... wenn ich erkenne, dass selbst der Tod kein Übel ist, und alles, was geringer als der Tod ist, gelassen hinnehme.

... wenn ich erkenne, dass der beste Weg, sich auf das nächste Leben vorzubereiten, ist, dieses Leben wirklich zu leben und den Augenblick zu erfüllen.

... wenn ich gleich beim Erwachen jeden Tag Gott weihe.

... wenn ich all das, was ich schon als gut und richtig erkannt habe, auch täglich praktisch lebe, anstatt es nur zu bewundern.

> *Erkenne*
> *den Sinn*
> *des Lebens!*

Mentaltraining mit
Kurt Tepperwein auf CD

Wir alle wünschen uns, glücklich, im Einklang mit unseren
Zielen und Bedürfnissen und harmonisch mit unseren
Mitmenschen zu leben. Doch ist dies nicht nur eine Sache des
Verstandes und bewussten Wollens. Die Ebenen unseres
Unbewussten, der Einstellungen und Gefühle, wirken daran
entscheidend mit. Kurt Tepperweins Technik des Mental- und
Intuitionstrainings spricht alle Ebenen an und erreicht
so eine tiefgreifende Wandlung.

ISBN 3-442-33696-1

ISBN 3-442-33697-X

ISBN 3-442-33698-8

Arkana Audio-CDs zur Lebenshilfe und Selbstheilung
sind im Buchhandel erhältlich.

ARKANA
AUDIO

GOLDMANN

ARKANA
GOLDMANN

Kurt Tepperwein – Neue Wege zum Selbst

Kurt Tepperwein,
Kraftquelle Mentaltraining   12141

Kurt Tepperwein,
Geistheilung durch sich selbst 11738

Kurt Tepperwein,
Die geistigen Gesetze   21610

Kurt Tepperwein,
Der Weg zum Millionär   21551

Goldmann • Der Taschenbuch-Verlag

ARKANA
GOLDMANN

Familien-Stellen nach Bert Hellinger

Bert Hellinger
Zweierlei Glück   21630

Bertold Ulsamer, Das Handwerk des
Familien-Stellens   14197

Bertold Ulsamer,
Ohne Wurzeln keine Flügel   14166

Bertold & Gabriele Ulsamer
Spielregeln für Paare   21636
(Erscheint im April 2003)

Goldmann • Der Taschenbuch-Verlag

GANZHEITLICH HEILEN
GOLDMANN

Traditionelles Wissen neu entdeckt

Irene Dalichow
Salz   21631

Mark J. Plotkin,
Der Schatz der Wayana   14228

Richi Moscher,
Das Hanfbuch   14181

Véronique Skawinska,
Die Wunder der Traubenkur   14223

Goldmann • Der Taschenbuch-Verlag

GANZHEITLICH HEILEN
GOLDMANN

Erfolgsautorin Barbara Simonsohn -
Gesunde Alternativen

Die Heilkraft der Afa-Alge   14189

Warum Bio?   14224

Hyperaktivität – Warum Ritalin
keine Lösung ist   14204

Das authentische Reiki   14210

Goldmann • Der Taschenbuch-Verlag

GOLDMANN

*Das Gesamtverzeichnis aller lieferbaren Titel erhalten Sie
im Buchhandel oder direkt beim Verlag.
Nähere Informationen über unser Programm erhalten Sie auch im Internet unter:*
www.goldmann-verlag.de

★

Taschenbuch-Bestseller zu Taschenbuchpreisen
– Monat für Monat interessante und fesselnde Titel –

★

Literatur deutschsprachiger und internationaler Autoren

★

Unterhaltung, Kriminalromane, Thriller
und Historische Romane

★

Aktuelle Sachbücher, Ratgeber, Handbücher und
Nachschlagewerke

★

Bücher zu Politik, Gesellschaft, Naturwissenschaft und Umwelt

★

Das Neueste aus den Bereichen
Esoterik, Persönliches Wachstum und Ganzheitliches Heilen

★

Klassiker mit Anmerkungen, Anthologien und Lesebücher

★

Kalender und Popbiographien

★

Die ganze Welt des Taschenbuchs

★

Goldmann Verlag • Neumarkter Str. 28 • 81673 München

Bitte senden Sie mir das neue kostenlose Gesamtverzeichnis

Name: _____

Straße: _____

PLZ / Ort: _____